생각의 패러독스

내 부처와 함께 행복에 이르는 길

KB191887

생각의 패러독스

발행일	2016년 08월 24일		
지은이	신 현 식		
펴낸이	손 형 국		
펴낸곳	(주)북랩		
편집인	선일영	편집	김향인, 권유선, 김예지, 김송이
디자인	이현수, 최성경, 이정아, 김민하	제작	박기성, 황동현, 구성우
마케팅	김회란, 박진관, 오선아		
출판등록	2004. 12. 1(제2012-000051호)		
주소	서울시 금천구 가산디지털 1로 168, 우림라이온스밸리 B동 B113, 114호		
홈페이지	www.book.co.kr		
전화번호	(02)2026-5777	팩스	(02)2026-5747
ISBN	979-11-5987-176-4 03220(종이책)		979-11-5987-177-1 05220(전자책)

이 도서의 국립중앙도서관 출판예정도서목록(CIP)은 서지정보유통지원시스템 홈페이지(http://seoji.nl.go.kr)와
국가자료공동목록시스템(http://www.nl.go.kr/kolisnet)에서 이용하실 수 있습니다.
(CIP제어번호 : CIP2016020280)

성공한 사람들은 예외없이 기개가 남다르다고 합니다.
어려움에도 꺾이지 않았던 당신의 의기를 책에 담아보지 않으시렵니까?
책으로 펴내고 싶은 원고를 메일(book@book.co.kr)로 보내주세요.
성공출판의 파트너 북랩이 함께하겠습니다.

생각의 패러독스

내 부처와 함께 행복에 이르는 길

신
현
식

북랩 book Lab

나는 무엇인가? 나는 왜 살고 있는가?
나는 어떻게 살아야 하나?

이런 의문을 안 가져 본 사람은 없을 것이다. 당연한 의구심이다. 인간의 특권이다. 그러나 이 의문에 대한 답은 알 수 없다. 당연하다. 찾을 수도, 구할 수도 없기 때문이다.

그럼 어쩔 수 없단 말인가?

누가 그러한 의문을 제기했는가? 어디에서 그러한 의문이 솟아났는가? 생각해 본 적이 있는가? 당연히 나에게서 그러한 의문이 일어났다. 그럼 나는 누구인가?

◆ ◆ ◆ ◆ ◆

이러한 의문에 대하여 거의 모든 사람들이 잠시 생각하다가 거두어버리고 잊어 버립니다. 참으로 안타까운 일입니다.

우리가 하루하루를 살아가면서, 아득바득 살아가면서, 사랑도 하고 즐겁기도 하고 기쁘기도 하고 미워하기도 하고, 화를 내기도 하고 슬프기도 하고 아프기도 합니다.

그런데 왜 이렇게 사는 걸까? 왜 이렇게 살아야만 할까? - 누구나 이런 생각을 해 본 적이 있을 것입니다. 예를 들면, 아끼는 친구와 사소한 일로 다투고 나서, 불쾌하기도 하고 두렵기도 하고 후회스럽기도 하고 고통스럽기도 합니다. 그리고 나서 왜 그랬을까 하고 되짚어 보게 됩니다.

그렇다면 그 되짚어 보는 '놈'은 누구일까요? 물론 '나'입니다. 한편 친구와 다투던 나는 누구이고 뒤돌아 뉘우치는 놈은 누구일까? 다른가, 같은가? - 이러한 의문은 진정 우리 인생의 행복을 성취하기 위해서는 반드시 풀어야 되는 문제입니다. 이 문제에 대한 답이 없이는 진정한, 궁극적인 행복을 맛볼 수 없습니다.

나의 정체성에 대한 답은 생각으로 얻을 수 없습니다. 왜냐하면 그 답은 생각 너머에 있기 때문입니다. 마치 대상 인물과 똑같이 그린 초상화라 할지라도 그 인물 자체가 될 수는 없는 것과 같습니다. 그래서 최고의 행복을 위해서는 생각을 뛰어넘어 진정한 자신을 알아가야 합니다.

절대 후퇴 없는 행복을 위하여 절대 누구/무엇의 간섭도 받지 않는 지고한 행복을 위하여, 우리는 삶의 목표를 세워야 합니다. 그리고 그 목표를 위하여 노력하여야 합니다. 설사 눈앞의 현실적인 요구를 무시하지 못할지라도, 생각의 틀 안에 매여 있을지라도, 우리는 "완전한 행복"이란 목표를 멀리서나마 바라볼 수 있어야 합니다.

그래서 이 글을 쓰게 되었습니다. 이 글은 내 주위의 인연들을 위한 글입니다. 누구나 삶에 대한 의문을 가진 사람은 이 글의 주인공입니다. 모든 인연에게 이 글을 바칩니다. 저의 부족한 글이 자신과 생각을 알아 가는 데 조금이라도 도움이 된다면 그 고마움은 잊을 수 없을 것입니다.

신현식 삼가 올림.
2016년 여름, 관악산 기슭에서.

|목차|

제2부 참선 공부 ————————

이 책을 읽는 법 ————————————————————————————
목차나 순서에 관계없이, 어떤 주제든지 선택적으로 읽어도 무방함.

|본문 중에서|

사실 수행은 깨친 후부터 시작되는 것이다. 왜냐하면, 해를 가리고 있는 구름을 식별할 수 없으면 무엇이 사라져야 되는지 알지 못한다. 즉 수행의 대상이 없는데 어떻게 수행을 하겠는가? 그래서 돈오를 하여야 수행이 재미있어진다. 깨침 없이 하는 수행은 대상이 없으므로 그야말로 깜깜한 밤길을 걷는 것과 같다. 그럼 돈오를 위한 준비는 어떻게 하면 될까? 수많은 방법이 있겠지만, 반드시 알아야 될 것은 '나' 이외에는 그 누구도 할 수 없고, '나'의 밖에서는 그 어디에서도 할 수 없다는 사실이다.

깨침이란 우리가 보는 세계, 우리 앞에 펼쳐진 현상을 아무런 가감加減없이 있는 그대로 보는 것이다. 생각은 그저 생각이란 현상일 뿐, 절대로 '보는 자'가 아니다. '보는 자'는 보이지 않는다. 그렇다고 보는 자에 대한 믿음을 포기할 수는 없다. 깨침이란 깨어나는 것이다. 깨어있는 내 앞에 무엇이 나타나든 그 자체로 소중할 뿐, 무엇을 더 바라겠는가?

우리는 변화 즉 무상無常 속에서 주인으로 살고 있다. 어떤 망념이 우리를 뒤덮고 있다 하여도 나의 존재는 지금 당장 이 자리에서 한 치도 양보하지 않고 그렇게 있다. 더군다나 항상 그 자태를 드러내 보이며 우리와 마주할 준비가 되어 있다. 우리 모두 하루 빨리 랑데부 합시다.

마치 여객기의 좌석을 만석으로 만들려 노력하듯이, 우리도 우리에게 주어진 시간을 "깨어있음"으로 만석이 되도록 노력하여야 한다.

우리가 땅을 디디고 서있으면서도 땅의 존재를 잊거나 모르듯이, 우리 자신의 존재 속에 있으면서도 그 존재를 모르고 있다. 눈이 눈을 못 보듯이 말이다. 앞에 놓인 물건을 보면 우리 눈이 있다는 것을 '안다'. 깨어있으면 깨어있는 '놈'을 '안다', 즉 경험한다. 모르면 바보다.

내가 부처이니까 부처 공부를 하는 것이다. "부처가 되는 공부"를 하는 것은 아니다. 이미 나 스스로가 부처인데 왜 부처 되는 공부를 할 필요가 있는가. 돼지가 사람 되는 공부를 한다고 사람이 되겠는가. 마찬가지로 (내가 부처가 아니라면) 부처 아닌 내가 부처가 되려고 공부한다고 부처가 되겠는가. 그렇다고 부처가, 부처가 되려고 따로 공부를 할 필요가 있겠는가. 한번 부처는 영원한 부처이다. …… 부처공부는 내 부처를 드러내는 공부이다. 즉 "내가, 내가 되려는" 노력이다. 당연한 말이다.

모든 사물에는 그 배경이 있다. 앞에 보이는 건물의 배경은 대기大氣이다. 인물 사진에도 주인공이 있고 배경이 있다. 이렇듯 모든 것에는 그 배경이 있어, 그 자신이 존재한다. …… 생각에도 마찬가지로 배경이 있어야 한다. 배경이 없다면 존재할 수도, 꼼짝할 수도 없을 것이다. 그렇다면 이 배경에 대해 잊지 않도록 하자. 어떤 사물에 부닥치더라도, 어떤 생각을 하더라도, 그 배경의 존재를 의식하자. 그렇게 되면 새로운 세계와 만나게 되는 것이다. 이것이 바로 알아차림의 작용이며 알아차림 그 자체이다.

우리는 하루하루를 살아가며 무언가 만들고 허물고를 되풀이하고 있다. 인과의 사슬과 인연의 굴레에 묶인 채 시간의 수레바퀴를 굴리고 있다. ····· [참선공부를 통하여] ····· 새장에 갇힌 새가 자신이 새장에 갇힌 줄 알고 창공을 날고 싶다는 희망을 갖는다는 것은 크나큰 인㊀을 짓는 것이다.

불교는 한마디로 "살아있는 모든 것은 부처"라는 사실에 입각하여 자기 안의 부처를 살려내도록 이끌어주는 가르침이다. ····· 부처란 궁극적인 존재로서 바로 진짜 '나'이다. 그러므로 진짜 '나'로 돌아가도록 돕는 가르침이다.

제 1 부

작은 큰 깨침

작은 큰 걸음을 내딛기 위해
– 달 보기

달이 있음을 믿음
달을 가리키는 손가락
알아차리기 (1)
알아차리기 (2)

나는 앞으로 달에 빗대어 진실을 엿보려 한다. 엿본다는 것은 진실을 보고 이해하고 함께하기 위한 첫걸음을 내딛는 것이다. 밤하늘에 달이 떠있다. 건성으로 주위만 바라보고 사는 사람들은 달을 볼 수 없다. 또, 달이 떠있어도 보지 않으면 볼 수 없고, 달이 구름에 덮여 있어도 볼 수 없고, 밤에 깨어있지 않고 잠에만 빠져있어도 볼 수 없다. 물론, 달의 존재조차 모른다면 당달봉사나 청맹과니에 다름없다. 비록 달이 얼굴을 내밀고 있고, 내가 깨어있다손 치더라도, 먼저 달을 본 누군가가 손가락으로 달을 가리키며, 저게 달이니 얼굴을 돌려 바라보라고 일러주어야 한다. 그 말에 귀를 기울이고 수긍하면서 손가락이 가리키는 곳으로 눈을 향하면, 우리는 비로소 달을 볼 수 있다. 즉, 나의 부처를, 진리를, 불성을, 성품을, 알아차림을, 깨어있음을 경험할 수 있다. 이러한 시나리오를 비유로 삼아 깨침을 향한 여정의 첫발을 내디디고자 한다.

이 여정의 한 걸음 한 걸음이 그냥 저절로 떼어놓아지는 것이 아니다. 거기에는 한 발짝마다 작지만 큰 깨침이 함께하여야 한다. 그렇지 않고는 공짜로 나아갈 수 없다. 우리의 다리로 한 발짝을 떼어놓으려고 한다면, 원인이 주어지고 다리의 신경과 근육이 움직이고 단단한 땅이 있어야 가능하다. 그냥 되는 것이 아니다. 마찬가지로, 남이 가리키는 달을 쳐다보는데도 생각처럼 그냥 되는 것이 아니다. 매 단계마다 목표를 향한 의지와 노력이 필요하다.

그래서 장황하게 보일지 모르겠지만, 작은 걸음 하나하나를 짚어가며 '작은 큰 깨침'을 유도하려 한다. 만일 성공적으로 걸음걸음을 옮겨 첫 경험에 이를 수 있다면, 이제 큰 걸음을 떼어놓았다고 자부하여도 좋다. 달이 저 위에 떠있다는 사실을 실제로 보고 체험한다면, 달의 존재를 잊을 수 없을 것이다. 그래서 인류는 달에 족적을 남길 수 있지 않았던가. 달이 있다는 사실을 몰랐다면 달에 다녀올 생각은 아예 엄두도 낼 수 없었을 것이다. 일단 달을 본다면, 구름이 덮여있어도 구름의 존재 너머에 있을 달님을 가슴 속에 담고 있을 것이며 언젠가는 그 달님을 품을 날이 오지 않겠는가.

달이 있음을 믿음

우선 달이 있다는 것을 알아야 한다. 그럼 안다는 것은 무엇일까? 우리가 안다고 하는 것은 믿음을 바탕으로 하고 있다. 통상 안다고 하면 우리의 두뇌에 의해 지식으로서 기억한다는 의미가 강하다. 그러나 앎은 믿음을 바탕으로 한다. 예를 들면, 서울이 우리나라 수도라는 것을 믿지 않는다면 아예 알아지지도 않았을 것이다. 믿기 때문에 서울이 우리 수도라는 것을 알게 된 것이다. 그러므로 달이 있다는 것을 안다는 것은 달이 있다는 것을 믿기 때문이다. 물론 믿긴 믿지만 틀린 것, 옳지 않은 것을 믿을 수도 있다. 그렇다고 믿음의 중요성을 무시해서는 안 된다.

중국 남송南宋 시대의 선지식인 고봉 선사의 선요禪要에 의하면, 선수행을 올바르게 하자면 반드시 세 가지 요소를 갖추어야 한다고 한다. 즉, 크게 믿는 마음大信根, 크게 분한 마음大憤志, 크게 간절한 마음大疑情이 그것이다. 여기에서 큰 믿음이란 "내가 부처"라는 믿음, 지금 '나'라고 생각하는 것 말고 진짜 '나'가 존재한다는 믿음을 말한다. 그냥 믿는 게 아니라, 철두철미하게 빈틈없이 다른 생각이 끼어들 수 없이 믿는 것을 말한다.

사실 불교를 믿고, 석가모니 부처님을 경배하는 사람들은 당연히 불성佛性의 존재를 믿어 의심치 않는다. 그러나 그 중 많은 사람들이 겉으로 믿는 것이지 마음속 깊이깊이, 무의식의 뿌리 저 아래까지 철저하게 믿지 않는다. 고봉 선사가 요구하는 큰 믿음이란 가이없는 믿음, 터럭만큼의 딴 생각을 용납하지 않는 믿음, 온 우주를 덮어버리는 믿음이다. 진짜 '나'가 존재한다는 사실을 이렇게 큰 믿음으로 알아차린다면, 더 이상 '가짜나'가 아니라 '진짜나'가 되는 것이다. 깨치는 것이다. 늘 우리가 버릇처럼 외우는 '성불'을 하는 것이다. 어찌 보면 믿음 자체가 불성이다. 한편으로는 생사의 쳇바퀴에서 이리저리 굴려지면서 일희일비一喜一悲하는 자신의 처지에 대하여 분한 마음이 복받쳐 오르고, 한편으로는 이러한 '가짜나'를 벗어나 '진짜나'로 되돌아가 큰 자유를 얻겠다는 간절한 마음으로 살아가다 보면, 순일純一한 믿음이 씨앗이 되어 해탈의 꽃을 피울 수 있을 것이다.

이렇듯 달이 있음을 믿어야 한다. 그래야 달을 보겠다는 마음을 낼 수 있지 않겠는가. 달이 있음을 깨어서나 꿈에서나 항상 남김없이 믿어야 한다. 그래야 달을 보겠다는 절박한 마음이 솟아오르지 않겠는가. 그런 마음이 있어야만, 사방을 가리키는 수많은 손가락 사이에서 달을 가리키는 손을 찾을 수 있을 것이다. 왜냐하면, 배고프면 장터에서 다른 가게는 제쳐두고 밥집을 찾아가듯이, 달을 보고 싶은 마음은 자연스레 달을 가리키는 사람을 찾아갈 것이기 때문이다. 달을 가리키는 사람이 스승이다. 따라서 스승을 만나야 한다. 석가모니 부처님이 위대하시고 동서고금을 막론하고 존경을 받으시는 이유는 바로 달을 처음으로 가리켜 주셨기 때문이다. 스승 없이는 달을 만날 수 없다. 스승이 있으면 직접 가르침을 받을 수도 있고, 전해지는 글이나 말씀을 통하여 가르침을 만날 수도 있다.

안다는 것은 지식을 말할 수도 있지만, 그 지식을 지탱하는 믿음이기도 하다. 그래서 안다는 것(지식)을 붙들고 믿음으로 들어가야 한다. 선지식이나 스승의 말씀도, 일단 우리가 받아들이면 일종의 앎이 된다고 할 수 있다. 앎은 하나의 수단이나 도구이다. 목적이나 목표가 아니다. 즉, 안다는 데 그냥 머물러 있으면, 아는 것에 휩쓸려 좌충우돌하겠지만, 앎에 머물지 말고 앎이 가리키는 곳을 향한다면 바로 달을 바라볼 기회를 얻게 될 것이다.

달을 가리키는 손가락

흔히 말하기를, 달을 보기 원한다면 달을 가리키는 손가락을 보지 말고 손가락이 가리키는 방향을 봐야 한다고 한다. 맞는 말이다. 달 가리키는 손은 수단일 뿐, 목표는 어디까지나 달이기 때문이다. 여기에서 몇 가지 간과하지 말아야 하는 사실이 있다. 우선, 저 하늘에 꿈에도 그리던 달이 떠있다는 것을 알아야 하고, 또 그 달을 보려는 마음을 내야 한다. 다음, 누군가 수많은 별 가운데 떠 있는 달을 가리켜 주어야 한다. 단, 가리키는 손가락이 달을 향하고 있음을 확실히 하여야 하고, 또 확신하여야 한다.

이제 달을 가리키는 손을 먼저 바라보아야 한다. 손가락을 보지 않고는 그 방향을 알 수가 없으니까. 그 다음에 비로소 손가락이 가리키는 쪽으로 눈을 돌려, 달을 바라보아야 한다. 우리가 손가락의 방향을 따라 달을 바라보기는 하지만, 실제 상황은 우리가 달을 보는 것이 아니다. 이게 도대체 무슨 말인가? 내가 본다고 보는데, 보는 게 아니라니…. 달은 보는 게 아니라 보이는 것이다.

달은 해가 나나 비가 오나 거기에 있다. 상황에 따라 우리에게 보이거나 보이지 않거나 할 뿐이다. 달을 보려고 할 때 실패할 가능성이 높다. 왜냐하면, 나의 상태나 주변 환경에 우선적으로 좌우되기 때문이다. 낮이어도 안 되고, 구름이 짙게 껴도 안 되고, 그믐이어도 안 되고, 눈에 티끌이 들어가도 안 된다. 눈을 달 쪽으로 돌리고 나서, 모든 조건이 갖추어지면 그때 비로소 달이 "보이는" 것이다. 그냥 달을 보려고 한다고 볼 수 있는 것이 아니다. 또 이 조건을 갖추기 위해서 본인이 할 수 있는 일은 무엇일까? 만일 구름이 우리의 눈과 귀를 막고 있는 망념이나 탐진치貪瞋癡 삼독三毒 - 탐욕, 성냄, 어리석음을 세 가지 독이라 한다 - 이면, 열심히 노력하고 정진하여 이러한 장애물이 바람에 날려가게 함으로써 구름이 걷히게 할 수 있을 것이다.

다시 앞으로 되돌아가서, 달을 보려 한다면, 우선 달이 있다는 것을 알아야(혹은 믿어야) 하고, 또 달을 보겠다는 마음을 내어야 한다. 사실 여기까지 오는 것도 보통 어려운 일이 아닐 수 있다. 그렇지만 이제 우리는 여기까지 왔다고 스스로를 믿어야 한다. 믿지 못하겠거든, 믿지 못하는 내가 있다는 것을 믿으면 된다. 아무튼 믿지 않는 내 자신은 믿을 수 있을 것이니 말이다. 그 다음, 직간접으로 스승을 만나 달이 있는 방향을 알아야 한다. 즉, 목표지점에 도달할 수 있는 올바른 길을 안내받아야 한다. 그 수단으로 여기에서는 달과 손가락을 이용한다. 손가락으로 가리키는 방향에 달이 있다.

현재 우리나라의 선수행에서 주로 의존하고 있는 간화선은 화두를 손가락으로 사용한다고 볼 수 있다. 손가락은 구체적으로 가리키는 방향을 쉽게 알 수 있다. 그러나 화두란 굉장히 추상적인 것이라 그것이 가리키는 바를 파악하는 것은 지극히 어렵다. 조주 스님께서 "무無"라고 하셨다는데 그 무가 어디를 가리켰을까? 물론 그 무가 우리의 부처자리를 가리키고 있다고 짐작할 수 있지만, 또 조주 스님 시대 상황에서는 방향까지 알 수 있었을지 모르지만, 현재의 우리에게는 (손가락처럼) 구체적이지 않다. 이것은 마치 달이 어디 있느냐고 물었을 때, 손을 내밀어 보여주는 것과 같다. 가리키는 방향을 알 수 없으니, 이때의 손은 그 가치가 거의 제로이다.

그렇다면, 달을 가리키는 손가락 같은 역할을 할 화두란 무엇인가?(이것을 '화두'라 부를 필요는 없지만, 요즘 우리가 친숙한 언어가 화두이니 그대로 사용해 보기로 한다.) 새로운 화두는 지금 우리가 알고 느끼고 있는 것을 떠나면 안 된다. 왜냐하면 우리는 알음알이, 지식, 혹은 인식 대상을 붙들고, 즉 수단으로 삼아 실체에 접근하고 있기 때문이다. 이러한 알음알이는 인간이 가진 위대한 자산인 것이다. 그래서 일단 우리에게 친숙한 언어이어야 한다.

그 친숙한 언어를 열거해 보자. 한자어로는 각覺, 관觀, 간看, 무無, 공空 등등이며, 우리말로는 알아차림, 깨침, 깨어있음, 마음챙김 등이다. 그러나 앞에서도 말했지만 한자어는 친숙하여 그 뜻을 알 수는 있지만, 그 뜻이 우리 마음속 깊이 느껴지는 감感까지 이르지는 못하는 것 같다. 물론 한자나 한문을 어릴 때부터 일상으로 사용하여 우리말에 대한 느낌과 전혀 다르지 않은 사람에 대해서는 예외로 하자. 예를 들면, 졸음 운전할 때, 옆에서 "(졸지 말고) 깨어 있어!"라는 말을 들었을 때와, "각覺하라!"라는 말을 들었을 때는 와닿는 느낌이 사뭇 다를 것이다. 즉 우리말은 우리에게 체화體化되어 있다.

따라서 화두를 든다면 우리말 화두, 특히 '깨어있음'이나 '알아차림'이 더욱 효과적이라 할 수 있다. 왜냐하면, 궁극적으로 부처자리의 상태란 '깨어있다' 혹은 '알아차리다'라는 표현이 가장 가깝기 때문이다. 아니, '깨어있다'라기보다는 '깨어져있다'라는 표현이 더 가까울 것이다. 아니 "저절로(스스로) 깨어져있다"라는 표현이 더 가까울 것이다. 달이 저 하늘에 항상 떠있듯이, 깨어있음은 항상 거기 있으므로 구태여 힘들여 깨어날 필요가 없다. 그냥 알아차리면 그만이다.

한 가지 더 살펴본다면, 달을 가리키는 손가락을 본 다음, 달로 눈을 돌려야 한다. 아마 이 부분이 가장 힘든 부분일 것이다. 사실 자연스럽게 달로 눈길이 가야 하지만, 우리는 그만 하도 오랫동안 손과 손가락에 집착하거나 매여 있어서, 뻔히 알면서도 눈길을 돌리기가 쉽지 않은 것이다. 또 눈길을 돌린다 한들, 그 즉시 달을 볼 수 있는 것이 아니니, 눈길을 돌린 줄도 모르고, 또 제대로 눈길을 돌렸는지도 모를 가능성이 크다. 오히려 기대 반 우려 반으로 눈길을 돌렸다 아무것도 안 보이면, 실망할 수도 있고 의지가 꺾일 수도 있겠다. 앞에서 말한 바와 같이 달이란 모든 조건이 갖추어져야 보이는 것이다. 이 기회를 잡기 위해 끊임없이 눈길을 돌려야 한다. 언젠가 운 좋게도 구름들 틈 사이로 달이 얼굴을 내밀어 보여줄지 누가 알겠는가?

알아차리기 (1)

지금 이 순간 보고 있는 것만 존재한다. 한순간 후에는 존재하지 않는다. 따라서 우리가 지식으로 알고 있는 모든 것은 존재하지 않는다. 알고 있다는 것은 이미 지나가버린 것이기 때문이다. 모든 것은 순간순간 변한다. 어떤 순간에 존재한 것은 두번 다시 존재하지 않는다. 존재하지 않는 것을 환幻, 헛것, 혹은 허깨비라고 한다. 이 순간 말고 다른 순간은 존재하지 않는다. 그러므로 우리 인간은 헛것을 부여잡고 살아가고 있을 뿐이다.

존재를 만나는 길은 이 순간을 포착하는 것뿐이다. 순간을 놓치면, 그 놓쳐버린 순간에는 허깨비를 잡고 있었을 뿐이다. 알아차림이란 이 순간을 포착하는 것이다. 만일 순간을 '느꼈다'면, 알아차림이 이루어진 것이다. 즉, 알아차림의 상태, 깨어있음의 상태에 있었던 것이다. 그러나 그 순간을 아무런 도움 없이 스스로 잡아챈다는 것은 불가능에 가깝다. 그래서 우리가 늘 느끼고 생각하는 대상에 의존할 수밖에 없다. 즉, 눈-귀-코-혀-몸-생각(6근六根, 여섯 가지의 기관)에 의해 생기는 색깔-소리-냄새-맛-감촉-생각 대상(6경六境, 여섯 가지의 경계 즉 인터페이스)을 이용하여야 한다.

경계를 알아차리는 순간만 존재를 확인할 수 있다. 경계를 만나는 그 순간 돌이켜야 한다. 즉, 생각이나 느낌이 일어나는 순간 자신의 내부로 돌이켜야 한다. 알아차림은 돌이킨다는 것과 같다. 부처님의 8정도八正道 설법에서 일곱 번째인 정념正念 즉 올바른 알아차림(마음챙김, mindfulness, awareness)의 뜻은 다음과 같다. "열성을 가지고 온전한 깨어있음과 마음챙김으로 세상에 대한 탐욕과 낙담을 버리고 몸을 몸으로, 느낌을 느낌으로, 마음을 마음으로, 현상을 현상으로 있는 그대로 관찰하여 머문다."(일아 스님 번역) 이렇듯 경계를 있는 그대로 알아차리고, 그 상태에 머물러야 한다. 참고로 알아차림을 항시 유지하기 위해서, 효과적인 방법 중의 하나로 우리는 화두를 특별한 경계로 이용할 수 있다.

한편, "경계를 만나는 '순간' 돌이켜야 한다"라는 말은 모순이다. 왜냐하면 순간이란 시간 개념을 떠난 말이기 때문이다. 순간이란 시간이 '0'이다. 그러나 돌이킨다는 행위는 (어찌 보면) 시간을 필요로 한다. 원래 생각 자체에는 시간 개념이 없지만, 뇌에 의해 생각하는 프로세스는 시간을 필요로 한다. 순간에 (생각이라는 프로세스를 이용하여) 돌이킬 수 없다. 돌이킬 수 있다면, 이것은 모순이다. 따라서 경계를 만나면 그냥 그 순간에 그 자리에서 참나와 함께 해야 한다. 즉, 경계와 '나'가 둘이 아니라 하나가 되어야 한다. 이것이 '알아차림'이다. 항상 알아차림의 상태가 유지되어야 한다. 왜냐하면 우리는 항상 경계를 만나니까. 경계를 만나 타협하지 않는다는 것은 '나'에 대한 의식, 즉 알아차림의 상태를 떠나지 않는다는 것을 가리킨다.

이제 이러한 경험을 어떻게 시작할 것인지, 실참實參의 예를 보기로 한다. 실제 참선수행에 몰입하여 있는 상태에서, 화두의 경계, 생각의 경계, 혹은 외부로부터의 자극(소리, 접촉, 냄새 등)에 의한 경계를 만나게 된다. 이때 이 경계를 만나자마자 경계를 알아차려서 안으로 돌이킨다. - 이것은 언어에 의존한 표현이다. 진짜가 아니다. 그럼 다시 설명해 보기로 하자. 경계를 '알아차린다'라는 말은 거짓이다. 말이기 때문이다. '알아차린다'라고 했을 때, 주의깊게 "열성을 가지고" 알아차릴 때, 수반되는 느낌이 있을 것이다. 이 느낌이 진짜이다. 그러나 이 느낌은 '알아차린다'라는 말에 덮여 숨겨져서 느낄 수가 없게 된다. 따라서 알아차린다고 하는 순간, 이 알아차림을 내려놓아야 한다. 떠나야 한다. 즉 알아차림으로부터 비껴서야 한다. 그러면 어떤 말로는 표현할 수 없는 느낌이 느껴질 것이다. 이것이 진짜 알아차림이다. 이렇게 된다면, 이것은 매우 중요한 경험이다. 언어도단言語道斷의 경지를 맛보는 계기이다. 말의 길이 끊어진 자리이다.

이렇게 해서, 달을 가리키는 손가락을 보고, 그 손가락이 가리키는 방향으로 고개를 돌려 달을 볼 수 있는 기회를 갖게 되는 것이다.

알아차리기 (2)

　계속해서 알아차림에 대하여 알아보기로 한다. 알아차림이란 우리말로는 마음챙김, 깨어있음 등, 한자어로는 각覺, 관觀 등, 영어로는 awareness, mindfulness, witnessing 등으로도 표현할 수 있을 것이다. 특히, 8정도의 정념正念에서 보면 알아차림으로 '념念'자를 사용하는데, 이를 파자破字해 보면, 지금 금今 마음 심心으로 구성됨을 알 수 있다. 즉, 지금 당장의 마음, 이 마음을 아는 것이 바로 알아차림인 것이다. 매우 쉽고, 단순하고, 명료해 보인다.

　그렇다 해도 '당장의 마음'을 어떻게 알 수 있을까? 사실 마음을 불성이라고 본다면 당장의 마음이나 본성本性으로서의 마음이나 다를 게 없다. 그러니 당장의 마음을 알아야 한다는 것은 깨쳐야 한다는 말이라, 너무 어려워 실천하기가 거의 불가능하다. 따라서 좀 더 쉽게 문제에 접근하기 위하여 자신의 행동이나 감정의 상태와 움직임에 의지하여 이 문제를 해결해 보기로 하자. 즉, 지금 자신이 어떠한 상태에 있는가를 주시하면서, 그 주시하는 자체에 관심을 가지는 것이다. 다시 말하면, 자신의 현재 상태에 관심을 두는 것이 아니라 현 상태를 바라보는 그 자체에, 혹은 바라보고 있는 '놈'에 관심을 두는 것이다.

자신의 현재 상태는 모든 대상에 의해 발생한다. 가장 포괄적인 대상으로 부처님께서 말씀하신 사념처四念處를 들 수 있다. 부처님께서 제자들이 의지하여야 할 수행법으로 사념처관四念處觀을 말씀하셨는데, 여기에서 사념처란 관찰대상으로서 신身·수受·심心·법法 [몸, 느낌, 생각, 현상] 등 네 가지이다. 일단 사념처관에 대해서는 따로 공부하기로 하고, 여기에서는 알아차림의 대상으로서 이들 네 가지 대상을 다루기로 한다.(사실 부처님께서는 팔정도의 '정념' 항목에서도 이 사념처를 알아차림의 대상으로 말씀하셨다.)

우선 첫번째 대상身으로서 몸의 상태나 움직임을 알아차린다. 몸이 아프거나 어떤 감촉이 있을 때, 이를 감지한다. 몸의 움직임도 놓치지 않고 바라본다. 특히, 가만히 앉아 아무 일이 없을 때 자신의 숨쉬는 동작을 관찰한다. 이것이 바로 위빠싸나 수행법이다. 두 번째 대상受으로 감정이나 느낌을 알아차린다. 기분이 좋거나 언짢을 때, 즐겁거나 화가 날 때도 가만히 그 상태를 바라본다. 즉, 말이나 생각으로 표현할 수 없는 어떠한 느낌이나 감정도 모두 놓치지 않고 관찰한다. 세 번째 대상心으로 생각을 알아차린다. 보통 사람의 마음은 생각에 의해 지배된다. 우리는 통상 잘 때를 빼놓고는 항상 생각 속에서 생활한다. 생각이 시시각각 일어나는 것은 막을 수 없다 하여도, 그때마다 생각에 얽매이지 말고, 생각이 일어남을 알아차린다. 네 번째 대상法으로서 우리 주위에서 일어나는 현상이나 일들을 알아차린다. 그 현상들은 인연법에 따라 스스로 굴러가므로 우리가 가타부타 간섭할 필요가 없다. 그냥 흘러가는 대로 관찰한다.

　이 중에서 특히 생각을 알아차리는 것이 큰 도전일 것이다. 생각이란 하나의 메커니즘이다. 메커니즘이란 어떤 법칙에 의해 발생되고 진행되는 과정이다. 따라서 생각은 스스로의 법칙에 의해 굴리어지는 하나의 과정이다. 이것이 진정한 자신의 본성과는 관계가 없다. 이 주장은 믿기지 않을 것이다. 그러나 올바로 열심히 노력하면 어느 땐가 생각의 실체가 그 모습을 드러낼 것이다. 즉 내 부처 마음자리와는 관계없이 굴러가는 것이 생각이다. 그래서 생각을 놓아버릴 수 있는 것이다. 만일 생각이 내 본성이라면 어떻게 생각을 놓아버리겠는가? 그렇다면 어떻게 생각 없이 살 수 있겠는가? 마치 우리가 목적지에 편리하고 빠르게 가기 위해 자동차를 이용하듯이, 생각도 우리가 잘 살아갈 수 있게 이용하는 수단인 것이다. 이렇게 생각의 정체를 안다면, 생각을 하나의 대상으로서 알아차리는데 큰 도움이 될 것이다.

　올바른 알아차림을 수행하는 과정에서 처음에는 생각으로 마음을 챙기게 된다. 이는 자연스런 현상이다. 마치 달을 가리키는 손가락을 따라 달 쪽으로 바라보는 것이 아니라 손을 보고 있는 것과 같을 것이다. 그래도 처음에는 손이라도 봐야 하지 않겠는가. 차츰 수행을 올바르게 계속하다 보면, 생각이 쉬고 깨어있게 되어 점차 달을 가리키는 방향으로 고개를 돌릴 수 있을 것이다.

삼라만상 가운데에서 나만 잠들어 있다. 다른 모든 것은 깨어 있다. 내가 잠자고 있을 때도, 내 몸의 모든 세포는 깨어서 자기가 맡은 일을 하고 있다. 내 의식만 잠자고 있을 뿐이다. 저 깊이 내 존재도 깨어 있을 것이다. 그러나 그것을 알아차리지 못할 뿐이다.

작은 큰 걸음을 내딛기 위해
－ 다른 나

두 개의 나

부처님이나 모든 선지식께서 늘 하시는 말씀이 우리가 의지할 곳이란 우리의 참마음뿐이라고 한다. 부처님 유훈遺訓을 봐도 "자등명自燈明", 즉 네 자신을 등불로 삼고 의지하라고 하셨다. 달마 스님도 마음 이외의 어떤 형상이나 말이나 현상도 모두 외도外道이니 절대로 내 마음 밖의 어떤 것에도 걸려들면 안 된다고 하셨다. 하다못해 염불도 예불도 밖에 대고 한다면 쓸데없는 짓이라고 하셨다. 그래서 내 마음만 볼 수 있다면, 즉 견성見性한다면, 이것만이 부처가 되는 길이라고 하셨다.

우리가 사용하고 있는 단어 '마음mind, 心'이란 그 의미가 일정하지 않다. 경우에 따라서는 참마음, 부처마음, 청정본심 등으로 쓰이고, 다른 경우에는 생각, 망념 등으로 쓰인다. 이러한 문제는 바다와 파도의 비유로 해결될 수 있을 것이다. 바다에서 바람이 불면 파도가 인다. 바람이 그치고 조용해지면 파도가 잦아든다. 잔잔한 바다도 물이요 파도도 물이다. 그러나 형상은 다르다. 비유를 하자면 잔잔한 바다는 참마음, 즉 부처자리이며 성품이요, 파도는 생각이나 망념이라 할 수 있다. 그러나 이 모두가 물이요 마음이다. 이 비유는 불가佛家에서 널리 애용되고 있는 비유로서 시사하는 바가 크다. 망념이 쉬게 되면 곧 내 부처가 드러난다. 내 마음을 찾으려고 하면 안 된다. 찾으려고 하는 그 마음이 바로 그 마음인데 어디서 어떻게 제가 저를 찾는단 말인가? 눈으로 눈을 찾는다고(보려 한다고) 찾아지겠는가?

한편으로는 바다는 자신의 수면 위에서 일어나는 파도에 휩쓸리지 않는다. 태풍이 불어도 쓰나미가 닥쳐도 바다는 개의치 않는다. 위에서 일어나는 파도에 따라 일희일비一喜一悲하지 않는다. 그러나 우리의 현실을 되돌아보자. 우리는 경계에서 비롯되는 알음알이識가 쏟아내는 생각에 사로잡혀 살고 있지 않는가? 우리의 부처, 다시 말하면 진짜나는 가만히 있는데 망념에 들어앉아 남의 장단에 맞춰 춤추고 있지 않은지 살펴보아야만 한다.

그럼 이 망념(혹은 생각)의 정체는 무엇인가? 한마디로 허깨비다. 망념은 다른 망념을 낳고 그 망념은 또 다른 망념을 낳고, 이러한 현상이 반복되어 끝없이 계속될 뿐이다. 그 망념 중에 가장 중심에 있는 것이 바로 '나' 혹은 '에고ego'라는 망념이다. 사실 이 에고가 한 인간을 지배하고 있다고 해도 과언이 아니다. 이 에고가 내 부처를 가리고 있다. 이 에고가 모든 망념의 레퍼런스가 되어 생각의 선순환 구조를 망가뜨리고 있다. 이 에고가 모든 고통의 산실이다. 그러나 망념의 뿌리를 찾아 거슬러 올라가다 보면 실재하는 것은 아무것도 없다. 즉 에고도 망념도 그 뿌리가 없이 허깨비에 지나지 않는다는 말이다.

파도는 외부 작용에 의해 그때그때 상황에 따라 움직인다. 인과의 법칙에 의해 움직일 뿐이다. 우리의 망념이 이 '외부 작용'의 일환이 되어 상황을 바꿀 수도 있을 것이다. 그러나 그것마저도 인과의 틀에서 벗어나지 않고, 그저 일시적인 해프닝에 불과할 것이다. 결국 인과법칙에 의한 변화일 뿐이다. 파도가 일어도, 파도가 잦아들어도, 바다는 바다일 뿐이다. 그래서 바다의 입장에서 보면 삼라만상이 가만있지 않고 변할 뿐이요諸行無常, 인과법에 따르는 모든 사물이나 존재에 나 혹은 내 것이라고 할 수 있는 것이 없으며諸法無我, 에고는 고통을 낳을 뿐이라는一切皆苦 부처님의 삼법인三法印이 자명해질 수밖에 없다.

그렇다면 내 마음으로 되돌아가는 문제에 어떻게 접근하면 좋을까? 이 문제는 결국 부처님께서 팔만사천 법문을 통해 우리에게 해탈의 자비를 베푸시려고 했던 것이다. 불교가 추구하는 궁극적인 목표를 향한 질문이기도 하다. 그러므로, 간단한 답이나 설명으로 해결될 성질의 문제가 아니다. 여기에서는 한 가지 방안을 제시해

보고자 한다. 우선, 두 개의 나를 가정한다. 하나는 내가 지금 생각하고 행동하는 중심에 있는 에고이고 다른 하나는 여기에서 본마음本心이라고 부르는 저 심연의 의식 혹은 성품이다. 이제까지는 에고만을 나라고 여겨왔는데 이제부터는 숨겨져 있는 본마음도 나의 범주에 포함시키기로 하자. 그래서 항상 무엇을 하거나 생각할 때, 그 주체가 에고도 있고 마음도 있다고 느낀다. 그리고 나서 다음의 그림에서 보이는 바와 같이 두 개의 나 사이의 관계를 설정한다. 그 관계란 '보는 자'와 '보이는 자'의 관계이다. 보는 자는 보이지 않는다. 보는 자는 보이는 자를 볼 수 있다. 보이는 자는 보는 자를 볼 수 없다. 에고는 보이는 자, 본마음은 보는 자이다. 반드시 명심할 것은 보는 자는 에고에 의해 보이지 않는다는 것이다. 다시 말하면 에고는 마음을 볼 수 없다는 것이다. 대신, 본마음은 에고를 볼 수 있다.

주의: 우리의 마음을 절대로 이렇게 그림으로 표현할 수 없으나 두 개의 나를 설명하기 위한 방편으로 이 그림을 보임

이러한 마음가짐을 가지고 항상 두 개의 나를 가슴에 품어보자. 물론 처음에는 혼란스럽고 자꾸 잊어버리고 뭐가 뭔지 모를 수도

있다. 그러나 한번 노력해 보자. 본마음만이 의지할 만한 든든한 존재라고 믿음이 갈 때까지.

본심本心과 알음알이識

결국 우리가 경험하는 모든 것이 알음알이, 즉 식識의 장난이다. 오온(五蘊-色受想行識, 육체-감각-인지-생각-의식)이나 6경(六境, 색깔-소리-냄새-맛-감촉-생각) 모두 식의 장난이다. 그럼 식은 무엇인가? 우리의 불성, 즉 본마음이 흔들린 것이다. 마치 바다의 파도와 같이. 파도가 바람에 따라 움직이듯, 식도 6경에 따라 움직일 뿐이다. 그러나 잔잔히 자리잡고 있는 바다와 같이 우리의 본심 또한 그렇게 있을 뿐이다. 이것이 알아차림의 상태이다. 이렇게 식의 장난을 알고 나면 참선이 쉽게 자리잡혀진다.

식識이나 본심이나 본래 성질은 모두 같다. 따라서 본심을 떠나 식을 말할 수 없다. 또, 식과 본심을 동시에 인지할 수 없다. 그러나 식은 대상에 따라 일시적으로 일어나는 것으로 반드시 대상 즉 경계가 필요하다. 본심은 항상 존재하며 경계에 직접 대응하지 않고, 식이 대신한다.

소리를 예로 들어보자. 소리는 공기의 움직임이다. 우리가 어떤 소리를 듣는다는 것은 공기의 움직임을 귀가 감지하는 것이다. 하여튼 소리가 난다는 것은 공기의 움직임이 어떤 주파수나 진폭의 특성을 가지고 일어나는 현상이다. 아무 소리도 없으면 공기는 정지 상태 즉 공기 본래의 상태라 할 수 있다. 즉 소리가 나면 공기가 움직이는 것이요, 조용하면 움직이지 않고 그냥 공기 본래로 존재하는 것이다. 이때 소리가 들리면 조용함을 감지할 수 없다. 왜냐하면 소리나 조용함이나 똑같이 공기로 이루어지기 때문이다. 소리가 쉬어야, 즉 소리가 없어야 비로소 조용함이 감지된다. 그렇다고 소리가 난다고 공기의 존재 즉 조용함이 없는 것이 아니다. 다만, 소리가 들리는 한 조용함을 경험하는 것은 불가능하다. 이 예에서 보는 바와 같이 식을 쉬지 않고는 본심이 드러날 수 없다.

우리가 시끄럽지 않은 곳에서의 좌선을 통하여 본심(불성)을 보다 쉽게 접할 수 있는 이유가 여기에 있다. 되도록 식이 유발되지 않는 환경을 인위적으로 조성하여 식을 쉬기 쉽게 만들어 주자는 것이다. 이렇게 하여 본심을 경험할 수 있다면 좌선의 의미는 매우 크다 할 것이다. 일단 본심을 경험한다면, 그야말로 시장바닥에서 남과 다투면서도 참선의 경지를 유지할 수 있을 것이다.

식識은 육식六識뿐이 아니다. 무의식, 말라식, 아뢰야식 등에 포함된 식이 얼마나 되는지 가늠할 수 없을 것이다.(우리가 겪은 무한의 생生 동안 쌓아온 업에 따른 업식業識을 생각해 보라.) 육식六識은 인간이 갖는 대표적인 식일 뿐이다. 이 수없이 많은 식을 어떻게 일일이 다 상대할 수 있겠는가? 방법은 단 한 가지이다. 자신의 본심에 의지하는 수밖에는 다른 방법은 없다. 본심을 밝혀 식에 들어앉지 않는 길

하나뿐이다. 천수경 말씀과 같이 죄는 자성이 없고 마음(망념)에 이끌려 일어나므로 자성 즉 본심을 밝혀 마음(망념)이 사라지면 죄도 사라질 뿐이다.(죄무자성 종심기罪無自性 從心起 심약멸시죄역망心若滅時罪亦亡)

파도는 바닷물이다. 파도가 바다이고 바다가 파도이다. 이걸 믿어라. 소를 타고 소를 찾지 말고 소를 타고 있다는 것을 믿어라. 마찬가지로 알음알이와 불성은 둘이 아니다. 그냥 그 자리에서 믿어서 성불하는 것이다. 알음알이와 본심(불성)은 함께 있다. 알음알이를 알아차리면 그 알아차림이 본심이고 알음알이와 함께하는 것이다.

모든 것이 식이다. 우리가 겪는 모든 오온五蘊도 식일 뿐이다. 일거수일투족, 생각 생각, 느낌 느낌, 꿈과 꿈, 모두가 식일 뿐이다. 우리 불성도 식이다. 즉 우리가 행하는 모든 것이 불성을 떠나지 않았다. 식마다 불성(본심)이다. 식마다 알아차림이다. 식마다 본심으로 회귀한다. 식마다 본심임을 확인한다. 확인하는 놈도 식이다. 식이 본심이다. 본심이 알아차림이다. 그래서 경계를 만날 때마다 알아차려야 한다. 무엇을? 그냥 아무것도 알아차리지 않는다. 그냥.

본심은 항상 있을 뿐. 드러나지 못할 뿐. 무엇 때문에? 덮고 있는 놈을 볼 수 없고, 만질 수도 없고 어찌할 수 없지만, 걷어낼 맘은 낼 수 있지 않을까…. 알아차림이나 깨어있음은 능동이 아니라 수동적인 것이다. 즉, 저절로 드러나는 것이지 드러내는 것이 아니다. 드러나는 것은 절대로 생각이 개입할 수 없다. 깨어있다는 것은 본심이 드러나는 것이다. 이제 다음의 금강경 4구게 구절의 뜻이 저절로 확연해질 것이다.

범소유상 개시허망 약견제상비상 즉견여래

(凡所有相 皆是虛妄 若見諸相非相 卽見如來)

"만일 모든 모습을 모습 아님으로 본다면 즉시 여래를 만날 것이다."

깨어라! (1)

깨치신 분들은 모두 한 목소리로 말씀하신다. 깨어라! 잠들어 있지 말고 깨어나라! 이보다 더 지당하신 말씀은 없다. 이대로만 한다면 그분들의 뒤를 밟아 (소위 말하는) 깨달음의 경지에 어렵지 않게 다다를 수 있을 것이다. 그런데 그 말씀의 참뜻을 아는 사람은 드물다. 그 참뜻을 안다는 것은 생각이나 지식으로 알 수 있는 것이 아니기 때문이다. 그래도 생각이나 앎을 발판 삼아 알아나가다 보면 경험으로 알 수 있는 기회가 올 것이다. 한 가지 주의할 점은 생각이나 앎에 사로잡히거나 들어앉으면 안 된다는 것이다.

하여튼 내가 계속해서 여러분들에게 읍소하는 것도 결국은 여러분들의 생각을 통하여 받아들여진다. 생각은 이해하기를 요구한다. 특히 현대의 식자識者들은 분별심인 이성을 중시하기 때문에 합리적으로 이해되지 않는 것은 애초부터 받아들이기를 거부한다. 합리적으로 이해한다는 것은 자신의 경험과 지식을 바탕으로 논리적인 분석과 추론을 통하여 받아들이는 것을 말한다. 만일 바탕이 되는 경험과 지식에 어긋나면 자연히 받아들이기를 망설이게 된다. 이제 다시 한번 여러분들이 아직 경험하지 않은 사실을 알려드리려 한다. 그러므로 분석하고 싶어하는 이성을 잠시 접어두고 저의 말씀을 들어주기 바란다.(이성이 형성되기 이전에도 여러분은 있었습니다.) 저의 희망은 여러분이 이제는 생각을 넘어 궁금한 마음으로 "아, 그렇구나!" 하는 마음으로 대했으면 하는 것이다.

다시 앞으로 돌아가서, 과연 선지식들이 말씀하시는 "깨어라"의 의미는 무엇일까? 지금 이 순간 여러분들은 깨어있다고 생각할 것이다. 최소한 우리 상식으로는 그렇다. 그런데 무엇을 더 깨어있으라고 하시는 걸까? 우리는 깨어있다고 하지만, 지금 깨어있다고 생각하는 나는 가짜이니까, 깨어있다고 하는 자체가 성립하지 않는다. 이 점을 알아야 앞으로 나갈 수 있다. 지금 생각하고 있는 나는 가짜다. 진짜가 아니다. 이런 얘기를 들으면, 그럼 진짜는 어디에 있나? 무얼하고 있나? 이렇게 내가 고생하고 있는데 진짜가 있다면 왜 나서지 않고 수수방관만 하고 있나? 이런 원망 섞인 반론이 앞설 것이다. 그뿐이랴? 진짜가 있긴 어디에 있어, 다 하는 말일 뿐이지. 내가 엄연히 이렇게 눈 시퍼렇게 살아있는데, 왜 내가 가짜란 거야. 이런 생각도 들 것이다. 그렇지만 한번 선지식을 시험해볼 겸 해서 "지금 나라고 하는 나는 가짜다"라고 믿어보자. 진심으로 믿어보자. 그리고 '진짜나'가 어디에 있는지, 무엇인지, 어떻게 존재하는지 등등에 대해 궁금해 해보자. 이런 생각이 바로 깨어있음을 실감할 수 있는 계기가 될 것이다.

  깨어있기 위해 선행조건은 '가짜나'에 파묻혀 "가짜나가 진짜나라고 하고 있는" 사실을 파기하는 것이다. 이 가짜나를 벗어나든가 가짜나를 잊어버리든가 진짜나, 즉 본심을 알아차리든가 하여야 한다. 이것이야말로 정말 어려운 일이다. 평생 목숨 걸고 지켜온 '나'를 어떻게 버릴 수 있겠는가? 그리고 생전 본 적도 없는 진짜나를 어떻게 믿고 어떻게 알아차리란 말인가? 그런데 사실 가짜나를 버릴 필요까지는 없다. 그냥 두고 집착하지만 않으면 된다. 진짜나, 그것이 정말 있는 것 같고, 그래서 있다는 것을 믿고 있는데, 알 수는 없으니 답답하지 않은가? 이 답답증을 풀기 위해 궁금증을 더해 가야 한다.

  가만히 돌이켜 보면, 진짜나가 있는 것도 같은데 알 수 없으니 잊어버리는 편이 낫겠다는 생각이 든다. 이러한 생각은 깨어있기를 거부하는 것이다. 왜냐하면 깨어난다는 것은 진짜나가 드러나는 것이기 때문이다. 사실, 가짜나도 진짜나도 뚜껑을 열고 보면 같다. 그러나 겉으로는 다르니까, 또 가짜나가 보기에는 달라야 될 것 같으니까 다르다고 하는 것이다. 가장 중요한 것은 진짜나의 존재를 받아들이고, 그 무게감에 전적으로 동의하고, 시시때때로 진짜나를 즐기는 것이다. 가짜나에 대해 그리 신경쓸 것 없다. 있다 사라지고, 사라졌다 나타나는 것에 왜 그리 오매불망하겠는가? 그러나 그렇다고 무시해서도 안 된다. 바로 불가근不可近 불가원不可遠

이다. 이렇게 진짜나에 대해 관심을 지속시키며 깨어있음에 대한 마음을 낸다. 깨어있음은 진짜나의 표현이니 항상 그 자리에 있을 뿐이다. 그리고 허공은 비어있는 것이 정상이듯이, 우리도 깨어있는 것이 평상심이다.

진짜나에 대한 지속적인 관심을 보임으로써 깨어있기 위한 첫걸음을 내디딘다. 다음에도 계속해서 깨어나기 위한 방법에 대하여 알아보기로 하자.

깨어라! (2)

참선이란 진짜나를 드러내는 과정이다. 즉, 지금 나의 에고에 의해 인지되는 '나'가 아니라 '진짜나'가 주인으로 존재를 드러내는 과정을 참선이라고 부를 수 있다. 그러나 에고는 우리의 육신과 망념에 집착하면서 다른 존재를 가리고 있다. 하늘이 구름에 덮여 있으면, 당연히 하늘에 떠있는 해를 볼 수 없는 것과 같다. 구름이 걷힌 적이 있어 해를 본 경험이 있다면 해의 존재를 인정할 수 있으련만, 여지껏 구름 덮인 하늘만 바라보고 살았다면, 해의 존재에 대해 생각도 해본 적이 없을 것이다. 본 적이 없는 것을 믿으라 한다면, 지나친 요구일지 모르겠다. 그렇지만 우리가 알고 있는 많은 사실은 실제 본 적도, 경험한 적도 없지만, 그래도 진짜라고 믿고 있는 경우가 허다하다. 아마 사진이나 과학적인 설명 혹은 믿을 만한 사람으로부터의 정보에 기반하여 판단했기 때문일 수도 있겠다. 또 이러한 사실이 우리의 에고와는 충돌하지 않기 때문일 수도 있다. 그러나 진짜나의 존재는 에고와 정면으로 충돌한다. 왜냐하면 에고의 입장에서는 진짜나와의 양립이 불가능하기 때문이다.

　에고의 일차적인 관심은 육체의 보전이다. 에고의 관점에서 자신의 육체는 물리적인 자신의 전부이다. 육체 없이는 에고 자신도 존재할 수 없다. 그러므로 자신의 육체 혹은 생명에 대한 애착은 끝이 없다. 에고는 육체를 자신의 소유물이라고 생각한다. 소유물이란 자신이 통제할 수 있고 소유권을 이전할 수 있어야 한다. 그러나 주지의 사실이지만 우리의 신체는 자신의 마음대로 할 수 없다. 밥을 먹을 수는 있으되, 밥이 소화되는 과정은 구체적으로 알 수도 없고 통제할 수도 없다. 감기가 걸리면, 몸이 어떻게 대응하여 어떻게 치유하는지 알지 못한다. 즉 우리의 소유물이 아니다. 대신 우리가 자신의 육체를 잘 보살피고 유지해야만 한다. 생리학적인 입장에서 바람직한 생리현상이 일어나도록 도와주어야 한다. 몸에 좋은 음식을 먹고, 적당히 움직여주고, 평안한 마음가짐을 가지고, 관리를 잘 해주어야 건강을 유지할 수 있다. 즉 육체는 우리의 관리물이다.

　이렇듯 우리의 몸은 우리의 관리물에 지나지 않는다. 마찬가지로 우리의 생각도 우리의 소유물이 아니다. 몸과 마찬가지로, 의도

했든 의도하지 않았든, 생각도 끊임없이 변화한다. 한 생각이 얼마나 오래가는지 관찰해 보면 금방 알 수 있는 사실이다. 한 생각 일어났다 꺼지고, 다른 생각이 일어났다 꺼지고, 이런 변화를 반복할 뿐이다. 결국 생각도 우리의 관리물에 지나지 않는다. 생각도 우리가 마음대로 할 수 있는 것이 아니다. 육체적인 생리현상과 마찬가지로, 생각도 인과관계의 틀 속에서 부침浮沈을 계속할 뿐이다. 그러하니 생각에 얽매여 그 속에 들어앉아 있을 이유가 하등 없다. 대신 생각을 잘 이용하여 유용한 일을 하면 그만이다.

이 세상에 나의 소유물이란 원래 존재하지 않는다. 모든 사물이나 현상은 그 나름대로의 인과관계에 따라 움직이고 있을 뿐이다. 우리의 몸과 생각도 인과관계를 벗어나지 못한다. 그렇다면, 우리의 몸과 생각을 쉴 때도 '있는 놈'은 무엇인가? 일례로, 우리가 꿈도 없이 깊이 잠들어 있을 때도 '나'는 있다. 그 '나'는 무엇일까? 만일 그 '나'가 존재한다면, 왜 나는 모르고 있는 것일까?

부처님께서 말씀하시기를, "돌려보낼 수 있는 모든 것은 '나'가 아니다"라고 하셨다. 그리고 돌려보낼 수 없는 것이 나라고 하셨다. 이 말씀은 우리의 모든 관리물은 다 돌려보낼 수 있다는 것을 뜻한다. 즉 놓아버릴 수 있다는 거다. 그러나 놓아버릴 수 없는 그 무엇이 있을 것이다. 우리가 손에 쥐고 있는 구슬은 놓아 버릴 수 있다. 하지만 어떻게 손을 놓아버리겠는가? 바로 그거다.

깨어라! (3)

날이 바뀌고 해가 바뀌면서 늘 시간은 흐르고 있지만 이를 알아채는 것은 눈에 띄는 어떤 계기가 있을 때뿐이다. 유형有形의 움직임을 알아채는 것은 쉬우나, 무형無形의 움직임을 알아채는 것은 어려운 일이다. 시간이 흘러가는 것도 모습이 없으니 어렵기는 마찬가지이다.

이 세상을 둘로 나누라면 보이는 모습有形과 보이지 않는 현상無形으로 양분할 수 있겠다. 보이는 것, 즉 모습이 있는 것은 눈으로 형체를 알 수 있으니 당연한 것이다. 그러나 보이지 않는 것에 대해서는 거의 무지에 가깝다. 아예 관심 밖일 것이다. 요즘 인류가 보이지 않는 전기를 발견하여 잘 활용하고 있으니 기적에 가까운 일이다. 그래도 일반 사용자들은 무형의 전기 자체에 관심이 있다기보다는 전기 작용의 결과물, 즉 전등, 모터, 휴대전화 등에 주의를 쏟는다. 그렇다 하더라도, 이제 보이지 않는 것에 대해 관심을 가져보기로 하자.

우리는 사실 보이지 않는 세계 속에서 살고 있다. 우리의 일상생활에서 보이는 색色[물질]의 세계는 빙산의 일각에 불과하다. 일단 인간은 생각하는 동물로서, 보이지 않는 생각이 우리 일상의 대부분을 차지한다. 우리의 내부에서 우러나오는 감정이나 외부로부터의 자극에 대한 감각 등도 볼 수 없는 것이다. 더 나아가면 소위 말하는 무의식 혹은 잠재의식 또한 절대로 모습으로는 볼 수 없는 것이다. 꿈이나 상상想像도 모습이 없다. 이렇게 보이지 않는 것, 즉 모습이 없는 것들에 의해 우리 자신이나 우리의 일상이 지배받고 있다고 해도 과언이 아니다. 그럼에도 불구하고 우리는 이러한 보이지 않는 현상들에 대해 별로 관심을 쏟지 않는다.

왜 '관심'이 없는 것일까? 한걸음 더 나아가, 왜 보이지 않는 것 자체에 대해 알려고 하지 않는 것일까? 보이지 않는 것들을 알려면 어떤 노력이나 과정이 필요할까? 이제 우리는 모습이 없고 보이지 않는 것들에 대해 좀 더 관심을 가지고 지켜보아야 한다.

우리가 관심을 가지고 모습을 가진 사물을 본다는 것은 그 대상을 알아차리는 것이다. 만일 알아차리지 않는다면 대상을 인지하지 못한다. 눈앞에 맛있는 음식이 있어도 이를 알아차리지 않으면 그냥 지나쳐 버릴 것이다. 이렇듯 모습을 가진 대상을 알아차리는 주체, 즉 마음은 보이지 않는다. 모습이 없다. 따라서 모습으로서의 대상과 마음으로서의 주체가 서로 다르므로 쉽게 알아차릴 수 있다고 생각할 수 있다. 그런데, 모습이 없는 생각이나 감정 등을 알아차리는 현상은 보이지 않으므로, 보이지 않는 주체가 보이지 않는 대상을 알아차린다는 것은 매우 어려운 일이다. 그래도 노력한다면, 의식적으로라도 알아차릴 수 있는 기회가 있을 것이다.

보이지 않는 것에 관심을 가지자. 생각할 때, 생각하고 있는 사실을 인지해 보자. 기쁘고 화날 때, 지금 무엇을 하고 있나 살펴보자. 맛있는 냄새에 구미가 동하면, 자신이 무엇을 인지하고 있는지 되뇌어 보자. 보이지 않는 현상에 사로잡히기보다는 한번쯤 돌이켜 보자. 보이지 않는 현상은 모두 자신이 스스로 지어서 하는 것이다. 어디 하늘에서 떨어진 현상이 아니다. 자기 속에서 만들어지는 현상이다. 자기가 책임져야 하는 것이다. 그러니 당연히 보이지 않는 것을 관리할 필요가 있다. 남의 일이 아니다. 항상 자신 속에서 일어나는 보이지 않는 현상에 대해 감시의 눈을 게을리하지 말자. 그렇다고 억지를 부릴 필요는 없다. 그냥 지켜보고, 알아차려 버리면 그만이다. 보이지 않는 현상이 나타나는 것을 막을 필요는 없다. 사실 막을 수도 없다. 흐르는 물을 막을 수 없는 것과 똑같다. 물을 막는다고 물이 사라지지 않는다. 옆으로 새거나 땅으로 스며들거나 고여있거나 하지 절대 사라지지 않는다. 보이지 않는 현상도 마찬가지이다. 아무리 해도 막아지지 않는다. 그냥 지켜보자. 알아차리자. 간과하지만 말자.

앞으로는 이제 보이지 않는 것에 관심을 가져보자. 우리를 이루는 근본이라고 믿고 있는 불성佛性도 보이지 않는다. 그럼 혹시 우리의 참모습인 불성과 보이지 않는, 모습이 없는 것들이 이웃사촌이라도 되지 않을까?

작은 큰 걸음을 내딛기 위해
- 깨침

깨침을 위하여

　일상생활에 몰두하다 보면 하루가 가는지 한 달이 가는지 도무지 알 수 없는 경우가 허다하다. 우리를 더 당황하게 만드는 것은 일상생활의 타성에 젖어버린 탓에 초래되는 목적의식의 상실일 것이다. 그렇지만 이제는 한 가지 가치있는 목표를 정해 놓고 정진해 보기로 하자. 목표는 깨침이다. 즉, 돈오頓悟이다. 깨침이란 한 생각 고쳐먹는 것이다. 깨침이란 새로운 무엇인가를 찾아내거나 누가 선물로 주는 것이 아니다. 마치 눈을 감으면 암흑세계이고 눈을 뜨면 새로운 세상이 보이듯이, 또 고개를 돌리면 새로운 광경이 펼쳐지듯이, 마음 한번 고쳐먹으면 그만 딴 세상이 나타나는 것이다.

자신의 다른 세계, 자신의 진면목이 나타나는 것이다. 우리의 목표는 마실 나간 마음을 마실 나간 줄 아는 것이다.

선가禪家에는 돈오점수頓悟漸修란 말이 있다. 돈오를 하고 나서 점수를 한다는 뜻이다. 즉, 퍼뜩 깨치고 나서 점차로 닦아나간다는 말이다. 특히 보조국사 지눌 스님의 말씀을 바탕으로 한 수심결修心訣에 자세히 설명이 되어 있다. 참고로 그 내용의 일부를 살펴보면 다음과 같다.

범부가 어리석어 사대四大를 몸이라 하고 망상을 마음이라 하여, 자성自性이 참 법신法身인 줄 모르고 자기의 영지靈知가 참 부처인 줄 모른다. 그래서 마음 밖에서 부처를 찾아 이리저리 헤매다가 선지식의 가르침을 받고 바른 길에 들어 한 생각에 문득 마음의 빛을 돌이켜 자기 본성을 본다. 이 성품의 바탕에는 본래부터 번뇌 없는 지혜가 저절로 갖추어져 있어 모든 부처님과 조금도 다르지 않다. 이것을 돈오라 한다. 본성이 부처와 다름이 없음을 깨닫기는 했지만, 끝없이 익혀온 버릇[습기習氣]은 갑자기 없애기는 어렵다. 그러므로 깨달음을 의지해 닦고 차츰 익혀서 공이 이루어지고 성인의 모태母胎 기르기를 오래하면 성聖을 이루게 되니, 이를 점수라 한다. 마치 어린애가 갓 태어났을 때 모든 감관이 갖추어 있음은 어른과 조금도 다르지 않지만, 그 힘이 아직 충실하지 못하기 때문에 얼마 동안의 세월을 지낸 뒤에야 비로소 사람 구실을 하는 것과 같다.

돈(頓, 별안간, 문득)이란 오悟의 속성이다. 오悟, 깨침, 즉 마음의 궁극적 실체가 분명해짐은 순간적으로 이루어지는 것이다. 그럼 깨침이란 무엇인가? 깨침이란 청정본심의 존재를 알아차리는 것이다. 구름에 가려 보이지 않던 해가 구름 사이로 보이게 되는 것이다. 보이지 않던 상태에서 보이는 상태로 바뀌는 이 현상은 당연히 순간적으로 일어난다. 그러니까 돈오, 즉 문득 별안간 깨치는 것이다.

그렇다고 구름이 걷혀 사라져버린 것이 아니다. 일시적으로 걷힌 것이다. 그 사이로 해를 잠시 본 것이다. 그렇지만 그 얼마나 엄청난 일인가. 이제까지 두터운 업장으로 덮여 있던 나의 진면목이 (잠시일지라도) 드러났으니 어마어마한 사건이다. 애석하게도 해는 구름 사이로 사라져버리기가 십상이다. 구름이 다시 하늘을 덮어버리기 때문이다. 그래서 우리는 구름이 사라지도록 계속 노력하여야 한다. 즉, 돈오한 이후에도 계속해서 닦아나가서 깨침으로 보게 된 본마음을 항상 놓치지 않아야 한다. 이것이 점수漸修이다.

사실 수행은 깨친 후부터 시작되는 것이다. 왜냐하면, 해를 가리고 있는 구름을 식별할 수 없으면 무엇이 사라져야 되는지 알지 못한다. 즉 수행의 대상이 없는데 어떻게 수행을 하겠는가? 그래서 돈오를 하여야 수행이 재미있어진다. 깨침 없이 하는 수행은 대상이 없으므로 그야말로 감감한 밤길을 걷는 것과 같다. 그럼 돈오를 위한 준비는 어떻게 하면 될까? 수많은 방법이 있겠지만, 반드시 알아야 될 것은 '나' 이외에는 그 누구도 할 수 없고, '나'의 밖에서는 그 어디에서도 할 수 없다는 사실이다.

깨침이란 견성見性이다. 우리의 불성을 알아차린다는 뜻이다. 원래 우리 자신인 불성을 확인하는 것이다. 즉 우리 자신을 깨닫는 것이다. 그러므로 깨침이란 밖에서 구하면 구할수록 더 멀어질 뿐이다. 비유하자면, 자기의 눈을 찾는데 자기 밖에서 찾는다면 아무리 찾아도 헛고생만 할 뿐이다. 그래서 자기 자신을 비추어 보면서, 정定에 들어야 한다. 정定에 든다는 말은 마음을 가라앉히고 망념을 쉰다는 뜻이다. 이렇게 깨어있으면서 마음을 가라앉히다 보면, 이제까지 경험하지 못했던 많은 일들이 일어났다 사라졌다 한다. 이러다 보면 언젠가, 구름 사이로 볼 수 있는 그 무엇도 문득 경험할 수 있을 것이다. 이 경험은 놓칠 수 없다. 닥치면 반드시 알게 되는 경험이다. 하여튼 부처님의 유훈인 '끊임없는 정진精進'만이 우리의 마음을 고쳐먹게 할 것이다.

믿는 마음

올해를 깨치는 해로 삼아 보자. 두 개의 나를 인정하고, 이제까지 구름에 가려 보이지 않던 '진짜나' '진짜 마음'을 경험해 보는 해로 만들어 보자. 그렇지만 우선 우리 마음 한 구석에는 다음과 같은 의문이 가시지 않을 것이다. 지금 이렇게 생각하고 있는 '나'가 나임에 틀림없는데, 바로 이 '나' 말고 또 다른 "진짜 나"가 존재한다는 것은 사실일까? 당연한 생각이라 할 수 있다. 이러한 의문은 당연한 현상이니 없애거나 해답을 얻으려고 애쓸 필요가 없다. 이 의문은 그대로 남겨두고, 의심의 반대인 믿는 마음에 대해 살펴보자.

믿는다는 것이 무엇인가? 우리가 평소에 '믿다'라는 단어를 사용할 때, 대개 목적어가 따라온다. 예를 들면, "내 육감을 믿는다"라고 말할 때, '육감을'이라는 목적어를 사용한다. 즉, 믿는 대상을 명시하게 된다. 그런데 믿는다는 행위는 대상이 없이도 스스로 행해질 수 있다. 즉 믿는 마음은 아무 대상을 필요로 하지 않을 수도 있다. 이렇게, 믿는 대상 없이 믿는 마음 자체를 경험해 보자. 왜냐하면 우리의 존재 자체, 혹은 우리의 일거수일투족이 믿는 마음을 바탕으로 하고 있기 때문이다. 만일 발걸음을 떼어 놓을 때, 바닥이 단단하다는 것을 믿지 않는다면 걸음을 내디딜 수 없을 것이다. 우리는 무의식적으로 바닥이 단단하다는 것을 믿기 때문에 자연스럽게 걸어 다닐 수 있는 것이다. 믿음 없이는 손가락 하나 까닥할 수 없다. 그러니까 믿음을 느끼고 경험한다는 것은 우리의 존재를 경험하는 것과 다름없다.

믿는 데는 말이 필요없다. 설명도 필요없다. 생각도 필요없다. 아무 대상도 두지 않고 그저 믿는 마음을 내는 것은 정말이지 돈 한 푼 안 들이고 거저 할 수 있다. 뭔가가 필요하다면 그건 더 이상 믿는 마음이 아니다. 이제 연습 삼아, 믿는 마음을 내 보자. 한 살난 아기의 순수함을 떠올려 보자. 우리는 당연히 그 순수함을 믿는다. 바로 이 믿는 마음을 느껴보자. 물론 믿는 대상을 설정했지만, 너무나 당연한 믿음의 대상이므로, 믿음 자체에 집중할 수 있을 것이다. 그 믿는 마음을 깊이깊이 느껴보자. 믿음이란 그야말로 축복이다. 믿음은 말길이 끊어지고[언어도단, 言語道斷] 글로써 나타낼 수 없는[불립문자, 不立文字] 경지이다.

깨침이란 믿는 마음에서 출발하여 믿는 마음에서 마친다. 믿음 없이는 깨침이란 허망한 구호에 그칠 수밖에 없다. 믿음은 우리가 저쪽 언덕[피안, 彼岸]에 다다르는 데 필요한 배와 같다. 그런데 믿음에 의지해 바르게 깨치기 위해서는, 그 믿음이 올바른 믿음이어야 한다. 믿음의 배를 타고 엉뚱한 곳으로 향한다면 곤란한 일이다. 따라서 올바른 믿음을 내기 위해서는 바르게 알아야 한다. 안다는 것은 생각하는 것과 다르다. 생각은 일시적이고 동적動的인 데 반해 앎은 장기적이고 정적靜的이다. 앎은 믿음을 올바른 방향으로 이끌 수 있다. 그러므로 올바른 앎을 통해 올바른 믿음을 성취할 수 있다. 그렇다면 무엇이 올바른 앎인가?

올바른 앎이란 진짜나, 불성, 진리가 내 안에 있음을 믿는 것이다. 깨침이란 내 안의 진리와 함께하는 것이지 밖의 그 무엇에 의지하는 것이 아니다. 내가 부처이고, 안에서 그 사실을 확인하는 것이다. 그래서 올바른 믿음과 올바른 앎은 함께 추구해야 할 덕목이다. 영명永明 스님은 앎이 없이 믿기만 하면 무명無明[진리를 깨닫지 못한 미혹한 마음 상태]만 더할 뿐이요, 믿음이 없이 알기만 하면 사견邪見만 키울 뿐이라고 말씀하셨다. 비유하자면, 믿음은 배와 같고 앎은 배의 키와 같다고 할 것이다. 피안에 도달하기 위해서는 배를 타고 저 언덕으로 향하여야 한다. 즉, 앎의 키가 방향을 바로 잡아 믿음의 배가 저 언덕에 정확하게 도착하게 하여야 한다.

어느 누구도 나 대신 배를 타고 피안으로 건널 수 없다. 오직 나만이 믿는 마음을 낼 수 있고, 오직 나만이 깨침을 위해 정진할 수 있다.

깨침 (1)

깨침이란 무엇인가? 깨침이란 "내가 부처"라는 사실을 아는 것이다. 그냥 아는 게 아니라 경험을 통하여 아는 것이다. 백 번 들어도 한번 보니만 못하다는 속담처럼 체득體得을 통하여 경험하는 것이다. 이러한 경험을 위한 방법은 수없이 많을 터이고, 우리도 여러 가지 방법에 대하여 논의한 바 있다. 방법은 다양하더라도 우선 공통적인 요소 혹은 속성을 두 가지로 요약해 본다.

첫째, 깨침에 대한 발심發心이다. '참된 나가 누구인지 알고 싶다는 간절한 마음을 내어야 한다. 우리가 죽으면 어떻게 될지 아무도 모른다. 저 하늘 위에 떠있는 구름에서 물 한 방울이 떨어지면 지구 위 어디에 부딪힐까? 여러 가지 변수의 작용으로 최종 착지 위치가 결정될 것이다. 물방울 무게, 바람 방향, 바람 속도, 지구 자전-공전 등등. 물방울의 의지와 전혀 상관없이 어디에 떨어질지가 결정될 것이다. 사람도 이와 같다. 죽으면 어떻게 될지, 다시 태어난다면 어떻게 태어날지, 우리의 의지와 상관없이 결정되는 수많은 변수에 의해 영향을 받을 것이다. 이것이 업보業報다. 업식業識에 의해 결정되니까, 죽으면 '나ego'란 존재도 없어지니 내가 어떻게 해볼 도리가 없다. 복락福樂의 낙원으로 보내질지, 고통의 나락으로 떨어질지, 아무도 모른다. 그러니, 죽기 전에 업식의 영향권에서 벗어나야 되지 않겠는가? 이래서 발심을 하지 않을 도리가 없다.

둘째, 생각에 매이면 안 된다. 모든 생각이 고정된 실체가 없는 일시적인 현상이다. 이런 생각은 그때그때 잘 쓰면 될 뿐이지, 붙들고 있거나 붙들려 있거나 할 필요가 없다. 그래서 옛사람들은 생각을 헛되고 거짓된 생각이란 뜻에서 망념妄念이라고까지 하지 않았던가? 인간의 생각은 대부분 언어와 연관지어진다. 말이란 어떤 대상을 표현하는 하나의 수단이지 대상 그 자체는 아니다. 진실의 존재와 언어의 유희를 동일시하면 안 된다. 그러므로 생각과 마찬가지로 우리는 언어에 매이면 진실과는 거리가 멀어질 뿐이다. 그래서 언어와 문자의 형식에 얽매이지 말고, 있는 그대로를 직시하여야 한다. 특히 우리나라 불교는 옛날의 한문 어귀의 굴레에서 벗어나지 못하고 있다. 어디까지나 수단으로 이용하여야 할 불교의 한자 문구가 우리의 생각을 사로잡고, 더 나아가 그 생각에 들어앉아 있는 것이 현재 한국불교의 안타까운 현실이다.

생각이 본마음과 다르다는 것은 자명하다. 생각은 우리의 뇌에

의지한다. 물론 다른 종류의 식識, 즉 알음알이와 마찬가지로 생각
도 하나의 알음알이에 지나지 않는다. 이렇게 우리의 육신에 의지
하는 알음알이는 육신이 없어지면 사라질 수밖에 없다. 그렇게 덧
없는 생각에 붙들려 이 귀중한 한 생을 허비해서야 안 될 말이다.
비유를 하자면, 사람이 늙어 세상을 하직한다고 하여도, 뒤에 남아
있는 세상은 그대로 있다. 마찬가지로 생각이 사라진다고 하여도
우리의 본마음은 그대로 존재한다. 생각이 없어진다고 불안해 할
하등의 근거가 없다. 오히려 본마음의 등장을 반겨야 한다. 그 본
마음은 찾을 수 없고, 단지 가짜마음만 사라지면 저절로 드러난다.
이렇게 드러나는 순간을 놓치지 않아야 한다. 정신을 바짝 차리고
깨어있어야 한다. 그래야 가짜가 사라지자마자 진짜가 드러나는 순
간을 경험할 수 있다. 이 경험이 바로 그 경험이다. 깨침이다.

 깨침은 왜 중요한가? 깨침이란 또 다른 나, 즉 본마음을 확인하
는 것이다. 어찌 보면 목표물, 혹은 목적지를 확인한다고 볼 수 있
다. 최종 목적지에 도달하기 위해서는 우선 제대로 목적지를 향해
나있는 길을 따라가야 한다. 엉뚱한 길을 따라 가면 아니 감만 못
할 수도 있다. 그래서 깨쳐야 일단 제대로 난 길을 따를 수 있지,
깨치지 않는다면 아무리 노력을 한다 하여도 어디로 향하는지 도
무지 알 수 없을 것이다. 그런 이유로 지눌 스님은 "깨쳐야만 수행
이 시작된다"고 하셨다. 맞다. 깨침은 올바른 수행의 시작을 위해
서 하는 것이다. 만일 깨침이 수행의 끝, 혹은 도道의 완성이라고
생각한다면, 이것은 오해이다. 오히려 수행의 시작 혹은 도道에의
입문일 따름이다. 깨침을 통하여 올바른 길을 따를 수 있는 능력

이 생긴다면, 노력에 노력을 거듭하여 언젠가는 목적지에 도착할 수 있을 것이다. 혹시 죽기 전에 목적지에 다다르지 못한다 하여도, 바른 길에 대한 안목은 사라지지 않을 것이다. 즉, 본마음을 향한 뜻은 항상 간직되어 어떤 상황에 처한다 하더라도 수행의 끈을 놓지 않을 것이다. 그래서 하루라도 일찍 깨닫자는 것이다.

우리는 자유를 되찾아야 한다. 마음의 자유 말이다. 마음의 자유란 아무런 걸림이 없어 그야말로 거칠 것 없는 상태이다. 즉 마음이 텅 비어야 한다. 어떠한 모습도 다 여의고 공空해야 한다. 만일 마음에 걸림이나 그 무엇이 있다면 그 사실을 알아차려야 한다. 깨어있으며, 모습을 봐야 한다. 그러면 어디에도 얽매이지 않게 된다. 이것이 소위 말하는 대자유大自由이다. 이제까지 묻어두었던 자유를 되찾는 것이 바로 깨침이다.

나의 존재와 본마음

내가 지금 밥을 먹고 있다. '내'가 하고 있다. 나는 지금 존재하고 있다. 나 이외에는 어느 누구도 "내가 밥을 먹고 있음"을 대신할 수 없다. 이 "존재하고 있음"을 느껴보자. 안 되면 느껴질 때까지 노력해보자. 내가 존재하고 있음을 느꼈다면, 존재를 알아차린 것이다.

이것이 깨침이다. 이렇듯 깨침이란 바로 우리 곁에 있다. 아니, 내 안에 있다. 아니, 내가 깨침 그 자체이다. 옛사람의 말씀에 의하면, 깨치는 것은 아침에 세수하다가 자기 얼굴에 달려있는 코를 만지는 것처럼 쉽다고 한다.

그런데 이렇게 쉬운 깨침을 왜 어렵다고 하는가? 깨침을 원하는 거의 모든 사람들이 깨침이란 불가능에 가깝거나 매우 어렵다고 생각한다. 그럼 "코 만지듯 쉽다"고 한 옛사람의 말씀은 틀린 것일까? 본마음을 믿는 사람에게는 맞는 말이고, 믿지 않는 사람에게는 틀린 말이다. 내가 부처라는 사실을 믿는다면, 그 '부처'는 항시 드러날 준비가 되어 있다고 할 수 있다. 즉, 나타날 만반의 태세를 갖추고 있다. 그래서 잠시라도 기회가 되면 그냥 스스로 드러날 수밖에 없다. 비유를 한다면, 낙엽으로 덮인 운동장에 바람이 불면 낙엽이 날리면서 운동장 바닥의 한 부분이 드러날 것이다. 이때 눈을 뜨고 있다면 드러난 부분을 볼 수 있을 것이다. 눈을 감고 있으면 당연히 볼 수 없다. 본마음에 대한 진정한 믿음을 가지고 있다면, 눈을 뜨고 있듯이, 드러난 본마음을 느낄 수 있을 것이다. 바람이 항시 불지는 않겠지만, 언젠가는 미풍이라도 불지 않겠는가? 눈을 뜨고 깨어 있다면, 아무런 잡념도 없이 깨어 있다면, 틀림없이 바람이 불고, 본마음은 드러날 것이다.

깨어있음은 믿음만 오롯이 드러나 있는 것이다. 그러나 예를 들면, 바람이 불 때를 기다리는 마음은 단지 하나의 잡념일 뿐이다. 어떤 생각도, 어떤 알음알이, 즉 식識도 망상妄想일 뿐이고 본마음을 철저히 가리고 있다. 특히 우리가 셀 수 없이 많은 생을 이어오면서 누적된 업식業識은 망념의 근원으로 그 뿌리의 크기와 질김은 상상을 초월한다. 잠시만 생각해보면 실감이 날 것이다. 지금 내가 하는 모든 행동이 나의 순수한 의지에 의해 행해지는 것이 있는가? 조금만이라도 깊이 생각하면 그저 인因에 대한 과果로서 나타난다는 것을 알 수 있을 것이다. 그런데, 이야기의 반전反轉이 있다. 이러한 망념 혹은 알음알이가 우리의 본마음과 남남이 아니라는 것이다. 본마음의 또 다른 얼굴이 바로 망념이다. 그래서 망념이 쉬기 전까지는 본마음이 드러날 수가 없다.

그래도 망념이 쉴 기회가 언젠가는 찾아올 것이다. 그 순간을 놓치지 않고, 마치 구름 사이로 보이는 해를 바라보듯이, 알아차려야 한다. 이 과정은 바른 믿음의 바탕에서만 가능하다. 이렇게 알아차리는 것이 바로 깨침이다. 일종의 경험이라고 할 수 있다. 한번 경험하면, 그 다음 경험은 더 쉬워질 것이다. 점점 더 경험에 경험을 더한다면 망념의 그늘이 더 이상 그늘이 아니게 될 것이다. 눈을 뜨면 주위의 온 세상이 보이듯이, 깨어있으면 주위의 온갖 알음알이가 보인다. 우리 눈이 온 세상을 그냥 보듯이, 본마음도 알음알이를 그냥 볼 뿐이다. 우리가 이 세상을 떠나지 않고 살고 있듯이, 본마음도 이 세상을 떠나지 않고 살고 있다.

깨침과 죽음

누구에게나 죽음은 다가오고 있다. 이 사실은 누구나 다 잘 알고 있지만, 이것에 대한 대응방법은 개인적으로 천차만별이다. 그래도 크게 두 가지로 나눌 수 있겠다. 첫째는 죽음에 대하여 잊고 사는 것이다. 혹은 무시하고 사는 것이다. 아마 이 방법이 대부분의 사람들에게 적용될 것이다. 둘째는 죽음에 대하여 전향적으로 대처하여 건강한 마음과 육체를 가지려 노력하는 것이다. 이 방법은 삶의 기간을 연장하기 위해 가능한 수단방법을 강구한다고 볼 수 있다. 이 두 가지 방법은 모두 소극적인 대처방안이라고 할 수 있다. 이제 보다 적극적인 대응방안을 논의해 보고자 한다.

'적극적인' 대응방안이란 죽음을 내 안에 품는 것이다. 이것이 진정 죽음을 뛰어넘는 방법이다. 즉, 죽음에 대한 진실을 알고, 이에 대한 최선의 마음가짐을 갖는 것이다. 우선, 죽음이란 정말로 무엇인지 이해를 돕기 위해 비유를 들어보기로 한다. 우리는 요즘 늘 자동차와 함께 생활한다. 특히 자동차 운전이 일상화되어 있다. 이런 상황에서 자동차에 우리의 육체 그리고 운전자에 우리의 마음을 대입해 보자. 그러면 자동차 운행이 우리의 삶에 비유될 수 있을 것이다. 즉, 자동차 운전에 빗대어 우리의 삶과 죽음을 이해할 수 있을 것이다.

본격적인 비유 전에 우선 자동차와 사람과의 비유가 적절한 이유 몇 가지를 살펴보자. 첫째, 자동차는 우리가 목적지에 빨리, 편하게 도달하기 위한 도구이다. 주인은 어디까지나 운전자이다. 마찬가지로, 우리의 육체는 마음이라는 주인이 이용하는 도구에 불과하다. 둘째, 자동차가 사고를 일으키면 운전자가 책임진다. 즉, 우리 육체의 행동결과에 대해 마음이 책임져야 한다. 마지막으로 자동차의 상태는 운전자가 잘 보살펴야 한다. 육체도 또한 마음이 잘 다스려야 평안할 것이다. 이 세 가지 이유 이외에도 많은 유사점을 찾을 수 있을 것이다.

인간의 죽음은 자동차의 폐차에 비유된다고 볼 수 있다. 자동차를 폐차할 때, 두려움에 고통받는 경우가 있을까? 아깝고, (사랑을 쏟던 차라면) 좀 슬프기도 하겠지만, 무섭거나 도망치고 싶지는 않을 것이다. 마찬가지로 우리의 죽음도 마음의 입장에서 보면, 육체가 노후해져 쓸모가 없어졌기 때문에 폐기처분하는 것이다. 그러나 이런 사실을 잘 안다 하여도 두려움에서 벗어나지 못하는 이유는 무엇인가? 운전자가 자동차의 노예가 되어 버렸기 때문이다. 앞으로 자동차가 점점 지능화되어 가고 편의사양이 극대화되다 보면 언젠가 자동차가 운전자는 제쳐놓고 제가 알아서 원하는 기능을 수행할 수 있을 것이다. 이렇게 되면 운전자는 더욱 쉽사리 자동차의 노예가 될 수 있으리라. 한편, 우리의 몸은 자연이 만든 가장 정교한 '기계'이다. 그 기능과 성능 그리고 안정성, 신뢰성, 복제 가능성 등은 이미 우리가 익히 알다시피 나무랄 데가 거의 없다. 그러니 우리의 마음이 육체의 주인이 아니라 노예로 전락해 버렸다 해도 이상한 일이 아닐 것이다. 이런 상태에서 육체를 잃는다는 것은 자기 전부를 잃는 것이 되어 버린다. 이 얼마나 두려운 일인가!

죽음뿐이 아니라 우리가 겪고 있는 고통도 마찬가지이다. 우리가 객관적으로 볼 때 차체가 사고로 인해 조금 찌그러졌다고 해도 그것이 운전자에게 직접적으로 고통을 주는 것은 전혀 아니다. 그러나 운전자가 그 차에 집착하여 마치 차체나 그 하드웨어를 자신과 동일시한다면, 차의 고장이나 약간의 찌그러짐도 자신의 고통으로 다가올 것이다. 사실은 그렇지 않은데도 말이다. 우리가 몸이 아프면 이를 아는 것은 우리의 '마음'이다. 마음이 몸에 집착하게 되면 육체의 잘못됨을 자신의 고통으로 만들어 버린다. 자동차에 잘못이 생기면 운전자는 왜 그렇게 되었는지 원인을 파악하고 문제를 해결하면 될 것이다. 그러므로 육체의 이상異常도 객관적으로 풀어가면 될 뿐, 자신의 고통으로 몰아가는 것은 어리석은 일이다.

죽음이란 육체의 소멸이다. 위의 자동차 비유에서 얻을 수 있는 교훈은, 마음과 육체는 결국 인연에 따라 맺어진 것이지 항구적인 동일체가 아니라는 것이다. 자동차의 수명이 다하면 운전자와 헤어지듯이, 육체도 수명이 다하면 마음과 헤어져야 한다. 운전자가 자동차를 객관적으로 생각하듯, 우리의 마음도 육체를 "객관적으로 관찰"하여야 한다. 그러나 말처럼 그렇게 쉽게 "객관적인 관찰"이 성취될 수 없다. 이것이 문제의 핵심이다.

그럼 왜 객관적인 관찰이 어려울까? 문제는 '생각'이다.(여기서는 6식만 고려하고 7식, 8식은 논의대상에서 제외함.) 생각은 본마음과 다르다. 생각은 육체와 불가분의 관계에 있다. 즉, 뇌와 감각기관의 지배를 받는다. 그러므로 육체와 관련될 때 '객관적인' 관찰이 불가능할 수밖에 없다. 우리의 논의에서는 생각은 육체의 일부로 간주될 수 있다. 그래서 객관적인 관찰을 위해서는 부득이 본마음(참마음, 부처자리 등)이 동원되어야 한다. 최소한, 생각만이 전부가 아니라는 믿음, 본마음의 존재에 대한 믿음을 키워가야 객관적인 관찰에 대한 노력이 시작될 것이다.

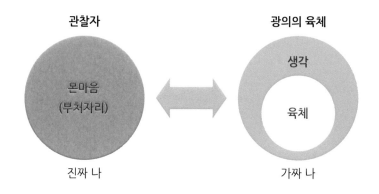

주의: 우리의 마음을 절대로 이렇게 그림으로 표현할 수 없으나 본마음의 존재를 각인시키기 위한 방편으로 이 그림을 보임

　그래서 깨치자는 것이다. 깨침이란 우리가 보는 세계, 우리 앞에 펼쳐진 현상을 아무런 가감加減없이 있는 그대로 보는 것이다. 생각은 그저 생각이란 현상일 뿐, 절대로 '보는 자'가 아니다. '보는 자'는 보이지 않는다. 그렇다고 보는 자에 대한 믿음을 포기할 수는 없다. 깨침이란 깨어나는 것이다. 깨어있는 내 앞에 무엇이 나타나든 그 자체로 소중할 뿐, 무엇을 더 바라겠는가?

일상생활과 수행

옛사람들이 말씀하시기를 산속이나 외딴 데에서 수행하는 것보다 보통 사람들이 살아가는 삶의 현장에서 수행하는 것이 더 큰의미가 있다고 한다. 그런데 현실세계에서는 일상생활을 영위하면서 수행한다는 것이 불가능하게 느껴진다. 스님이 아닌 바에야 속세에서 생활해야 하는데, 만일 옛사람들의 말씀대로 시장바닥에서 수행이 가능하다면 이보다 더 좋은 소식이 어디에 있겠는가?

생각(혹은 망념)과 알아차림(혹은 본마음)은 어떤 관계에 있을까? 한마디로 서로 다른 것 같지만 둘이 아니다. 비유하자면, 불을 피워서 연기가 피어오른다고 하자. 이 연기는 공기인가, 공기가 아닌가? 연기이면서 동시에 공기인가? 공기와 연기는 겉으로 보기에 다르다. 그러나 연기도 공기의 일부이다. 즉 연기도 공기이다. 어찌 보면 공기가 모습을 나타냈다고 할 수 있다. 이와 같이 본마음이 모습을 나타내면 그게 생각이며 알음알이다. 하지만 본마음은 보이지 않고 생각으로 잡히지 않고 알 수도 없으니, 무시한 채, 더 정확하게는 모르는 채, 우리는 한쪽만 바라보고 사는 것이다. 글자 그대로 반편半偏이로 사는 것이다. 그래서 본마음도 우리의 일상으로 편입시켜 함께 하자는 것이다. 즉 반편이에서 '양편兩偏이'(?)로 살자는 것이다. 이것이 깨침이다.

사실 우리가 알아차림, 알아차림 하지만, 이 알아차림도 말마디에 지나지 않는다. 말마디란 그저 망념이다. 진짜 알아차림이란 말을 떠나 있지 이렇게 '알아차림~'하고 부를 수 없는 것이다. 그럼 진짜 알아차림은 어디에 어떻게 있을까? 생각과 생각 사이에 있다. 그럼 생각과 생각 사이에 시간 간격이 있어서 거기에 알아차림이 있는 것인가? 유감스럽게도 그 사이에는 우리가 생각하는 시간은 없다. 시공時空을 떠난 자리이니까. 대신 진짜가 있다. 가이없는 허공과 가이없는 우주가 펼쳐져 있다. 이 '사실'은 말로 할 수 없다. 경험만이 가능할 뿐이다.

우리가 이 문제를 다른 각도에서 관찰하면 귀중한 정보를 얻을 수 있다. 생각을 한다는 것, 혹은 경계에 부딪힌다는 것은, 한편으로는 본마음의 존재를 대변하는 것이다. 생각이 있으니 본마음도 반드시 있다. 그렇다면 생각과 생각 사이를 살짝 순간적으로 분리시켜 볼 수도 있을 것이다. 다른 말로, 생각이 나면, 그 순간 다른 생각으로 옮겨 간다고 하자. 그 순간 다른 생각으로 옮겨 가는 찰나를 "의식"한다. 진짜 알아차림이다. 어려운 얘기지만, 노력하면 불가능하지 않다.

우리는 늘 생각하며 살아가고 있다. 여기 있으나 저기 있으나 온갖 생각이 우리를 지배한다. 이 사실을 뒤집어 보면 우리는 늘 수행할 수 있는 환경에 놓여 있는 것이다. 생각에 생각이 꼬리를 무니, 본마음 또한 그 존재가 끊임없이 드러나는 것 아니겠는가? 마음 한번 고쳐먹으면 시끄러운 시장바닥이 청정한 수행장소로 되는 것이다.

표현을 달리 해보면, 경계(알음알이, 생각을 일으키는 원인)에 부딪힐 때마다 반사되어 알아차림으로 회귀한다. 경계에 부딪히는 일이 없으면 돌이킴도 없다. 우리는 현실에서 생활하면서 끊임없이 경계에 부딪힌다. 그래서 공부가 된다. 경계와의 끊임없는 부딪힘 없이 어찌 제대로 된 공부를 할 수 있으리오. 그래서 옛날에는 공부를 하려면 화두와 같은 경계가 필요했을 것이다. 조용한 절간에 앉아있으면 고요하고 조용하여 경계에 부딪힐 일이 적어 공부하기 어려웠을 것이다. 화두를 끊임없이 들어 경계를 계속 만들어 나가면서 공부환경을 만들어 갔을 것이다. 끊김 없는 화두 듦은 궁금한 마음, 절실한 마음, 참구하는 마음[대의심大疑心이라 부름]에 의해 가능하다.

이렇게 일상생활 속에서 주위환경이 끊임없는 자극을 유발하고 생각 즉 망념을 만들어내니 저절로 화두를 들고 수행하고 있는 셈이다. 생각날 때마다 돌이켜 그 찰나를 의식한다면, 그 다음은 아무 말이 필요없게 될 것이다.

신神과 믿음

현대는 서양 문명과 서양 문화가 전 세계를 지배하고 있다고 하여도 과언이 아니다. 서양 문물, 서양 종교, 서양 철학과 윤리 등이 세계적인 기준으로 통용되고 있다. 그래서 현대를 살고 있는 우리들도 동양이나 한국적인 것보다 오히려 서양적인 것에 익숙해 있고 또 옳다고 믿는 경우가 많다. 그래서 사물을 설명할 때 서양적인 관점에서 보는 것이 쉽게 이해할 수 있는 방법이기도 하다. 이제 기독교와 비교하여 불교적인 관점을 설명해 보고자 한다.

불교에서는 모든 생명체가 불성佛性[부처의 본성, 부처자리, 궁극적인 존재]을 가지고 있다고 한다. 모든 사람들도 불성을 가지고 있으므로 본래 모두 부처라고 할 수 있다. 기독교에서는 신神-God이라는 절대자가 있어서 세상도 창조하고 모든 현상을 지배하고 있다고 한다. 즉 불교는 불성 중심이고 기독교는 신 중심이다. 그리고 불자는 불성을 믿고 기독교인은 신을 믿는다. 그런데 두 종교에서 믿는 대상인 불성과 신은 믿는 대상의 관점에서 보면 동일하다고 볼 수 있다. 이런 의미에서 불성을 절대적인 존재인 신God으로 표현할 수 있다. 이 불성의 신을 자성신自性神이라 부르고, 기독교의 신을 기독신基督神이라고 부르기로 하자.

사실 종교나 믿음에 대한 선입견이 없는 입장에서 보면 자성신이나 기독신의 차이가 없다. 종교의 전파과정에서 토착민들이 이렇다 할 종교가 없는 경우에는 쉽게 특정 종교가 받아들여지는 이유도 믿음의 대상에 대한 차별적 판단이 그리 중요한 요소가 아니었기 때문일 것이다. 그냥 절대적인 존재를 열심히 믿고 숭배하여 자신이나 가족의 안녕을 꾀하면 그만이지, 그 존재가 기독신인지 자성신인지 혹은 다른 신인지는 별로 중요하지 않았을 것이다. 그러나 시간이 지나면서 종교가 사회화되고 도그마화되면서 신에 대한 순수한 믿음이 아니라 편견과 맹신이 자리 잡게 되었다고 볼 수 있다. 특히 기독신의 경우에는 단순히 절대자에게의 귀의로 평안을 얻을 수 있다는 장점과 절대자와 자신의 관계를 지나치게 중시하는 과정에서 다른 종교나 믿음에 대한 과도한 배타성을 보일 수 있다는 단점이 있다.

그렇다면 자성신과 기독신의 핵심적인 차이는 무엇일까? 신은 똑같은 신일지라도 신의 소재所在가 어딘지에 따라 달라진다. 자성신은 신이 자신 안에 있다고 하고 기독신은 자신과는 별도로 있다고 생각한다. 불교에서는 사람은 본래 부처인데 망념에 의해 가려져서 드러나지 않을 뿐이다. 그래서 망념을 쉬면 부처, 즉 자성신이 드러나게 된다. 자성신이 드러나면 스스로 홀로 우뚝 서게 된다. 부처님의 "천상천하 유아독존天上天下 唯我獨尊"이다. 망념을 쉬는데 필요한 요소로 가장 중요한 것이 자기 자신이 부처라는 사실, 자신 안에 불성이 반드시 존재한다는 사실에 대한 확고한 믿음이다. 반대로 기독신은 자신과는 별개의 절대자로서 만물의 생성과 운행을 주관하고 있으므로, 인간이 죽음 앞에서 구원을 받기 위해서는 절대신에게 의존해야 한다. 그러한 의존을 구현해 주는 것이 성경에서 요구하는 사항에 대한 철저한 실천이고 절대자에 대한 충실한 믿음이다. 이러한 차이점이 핵심일 것이다.

이러한 분석에서 중요한 것은 차별성보다는 공통점이다. 자성신과 기독신을 비교하는 것은 어떤 비판적인 시각을 증폭시키자는 것이 아니고, 기독신에 대한 종교적 특징을 통해서 자성신에게 효과적으로 다가갈 수 있는 방법을 알아보자는 것이다. 기독교는 믿음을 앞세우는 데 반해 불교는 믿음보다 깨달음을 앞세운다. 하지만, 일차적으로는 기독교에서 앞세우는 믿음이 더 중요하다. 두 신神은 모두 절대적인 믿음을 요구하고 있다. 완전한 믿음 없이는 신에 접근할 수 없다. 그리고 믿음이 완전하다면 당사자 자신의 모든 것이 바뀌게 된다. 불가능한 것도 가능하게 바꾸고, 자신의 생각도 바꾸고, 자신의 영향권에 있는 모든 것을 바꾼다. 이렇게 믿음 자체는 신에게 접근하는 데 있어 필수불가결한 요소이다. 믿음 없이는 어디에도 갈 수 없다.

그럼 자성신의 관점에서 볼 때, 믿음 중에서 "올바른 믿음"이란 무엇인가? 믿음으로 어디에도 갈 수 있다. 그러나 우리는 믿음으로 가고자 하는 목적지가 있다. 그 목표하는 곳은 바로 자신의 자성신이 드러나 "살아 숨쉬는 곳"이다. 올바른 믿음이란 그러한 목적지로 우리를 인도할 수 있는 믿음이다. 그렇다면, 어떤 믿음이어야 할까? 완전한 믿음, 깨어있는 믿음이다. 완전한 믿음이란 순일純一한 믿음, 일심一心으로서의 믿음이다. 믿음은 어떤 틈도 허용하지 않는다. 어떠한 조건도 허용하지 않는다. 오직 일편단심의 믿음이다. 그리고 깨어있는 믿음이란 불성이 살아있는 믿음이다. 깨어있음이란 자신의 망념이 망념인 줄 아는 것이다. 즉 깨어있는 믿음은 망념의 한가운데서 믿음으로 망념을 바라보는 것이다.

인간으로 태어나서 가장 다행스런 일 중의 하나는 믿을 수 있는

재능이 있다는 것이다. 믿는 것만큼 위대한 행위는 없다. 그러나 올바른 믿음이 아니면, 믿어서 남 줄 수 있다. 올바른 믿음이란 망념에서 자유스러워져서 우리의 부처자리가 숨 쉬는 그 자체이다. 이제 우리 모두 망념을 즐겨 봅시다.

믿음과 선정

　사람들은 밖에 있는 무언가는 곧잘 믿는다. 하느님도 믿고 부처님도 믿고 조상님도 믿고 예수님도 믿고, 이 신 저 신 모두 잘 믿는다. 그러나 정작 자신의 존재는 믿지 않는다. 믿지 않는다기보다는 관심이 없다. 모두 밖을 향해서만 관심이 있다. 즉 자신의 존재를 떠나 있다는 말이다. 그러니 믿기는커녕 눈길조차 주지 않는다. 눈길조차 주지 않지만, 우리의 존재는 항상 존재하며 모든 것을 가능하게 한다. 우리는 땅을 밟고 다니지만 땅의 존재를 잊고 있고, 늘 공기를 마시고 살지만 공기의 존재에 관심이 없다. 마찬가지로 나의 존재 속에서 모든 일이 행해지지만, 존재에 대해 무관심하다. 아마 무관심이 아니라 일단 몰라서, 나의 존재가 있다는 사실을 몰라서 그럴 것이다. 혹은 알고 있어도 아직 인연이 닿지 않아서 믿음의 레벨까지 다다르지 못했을 수도 있다. 그래서 부처님의 자비심이 필요한지도 모른다. 자비심은 봄날의 햇볕과도 같다. 봄이 되어 햇볕으로 따뜻해지면 저절로 나뭇잎이 돋아나고 꽃이 피듯이, 보살행의 자비심으로 믿음의 싹을 틔우고 꽃을 피워갈 터이다.

그렇다고 무턱대고 부처님의 가피력만 되뇌일 수는 없다. 모든 것이 홀로 존재할 수 없듯이 부처님의 가피력 또한 우리와의 관계 속에서 존재한다. 나의 존재에 대한 믿음이 선행될 때 비로소 부처님의 자비심 또한 나를 보살필 것이다. 우리들은 사실 우리 자신을 알지 못한다. 본래부터 지금까지 존재하는 동안 모든 경계에 부딪히면서 생겨난 무명업식無明業識[미혹한 마음과 잘못된 업에 뿌리를 둔 인식]으로 똘똘 뭉친 우리 자신을 알 길이 없다. 지금 '나'라고 하는 인식은 일종의 무명업식일 뿐, 진짜나 혹은 자신의 존재를 의미하는 것은 아니다. 이러한 무명업식은 우리의 존재를 가리고 있어 존재가 드러날 수 있는 방법이 없다. 그러므로 존재에 대한 믿음으로 무명업식을 뛰어넘어 존재에 다가가야만 한다. 그때 비로소 부처님의 가피력도 기대해 볼 수 있을 것이다.

이러한 믿음은 수행과 불가분의 관계이다. 믿음과 수행은 분명 다른 단어이지만 그 속뜻은 같다. 특히 알아차림과 깨어있음, 즉 깨달음에 직접 다가가는 참선수행에 있어서는 더욱 그렇다. 참선參禪이란 말 그대로 '선禪'을 참구參究하는 수행법이다. 선禪이란 산스크리트어 디얀나dhyana의 음역音譯인 선나禪那의 줄임말로서 그 의역意譯은 '정定'이다. 따라서 선정禪定이란 선禪과 같은 말이며 선정을 닦는 것이 바로 참선임을 알 수 있다. 그러면 선정이란 무엇인가? 선정은 마음을 가라앉혀 평온하게 하되 의식은 깨어있는 상태를 말한다. 한편, 자신의 존재에 대한 올바른 믿음이 이루어지면 어떤 상태에 들게 될까? 이러한 믿음에 도달하면 마음이 가라앉아 평온에 들게 되고 존재에 대한 알아차림으로 깨어있게 된다. 즉, 선정의 상태에 들게 된다. 그러므로 믿음과 수행은 둘이 아니라고 할수 있다. 다시 말하면, 나의 존재를 선정에 들어 믿는다면, 바로 그 믿는 마음이 알아차림이며 삼매에 듦이고 참마음이며 참나이다.

참선과 일반적인 명상의 가장 큰 차이점은 아마 '깨어있음' 혹은 '정신차림'에 있을 것이다. 두 방법 모두 마음을 가라앉히고 집중하는 것은 같으나, 참선에서는 더 중요하게 간주하는 것이 바로 "알아차림에 의한 깨어있음"이다. 깨달음의 길을 가는 수행자는 항상 깨어있어야 하고 정신이 바짝 차려져 있어야 한다. 우리가 입학시험을 볼 때를 돌이켜 보자. 시험 보는 동안 한순간도 정신줄을 놓지 않았을 것이다. 정신 바짝 차리고 활짝 깨어있는 상태에서 시험을 봤을 것이다. 이런 상태가 참선의 '깨어있음'과 비슷한 경험이다. 시험 문제 푸는 생각 이외에는 어떠한 망념도 끼어들 수 없는 상태이다. 물론 '깨어있음'이 깨달음의 충분조건은 아니다. 그러나 가장 기본적이고 핵심적인 필요조건이라고 할 수 있다.

깨어있음은 여러 가지 방법에 의해 실현될 수 있다. 이미 오래 전부터 동양에서는 수없이 많은 접근방법이 고안되었다. 대혜 종고 스님의 간화선 역시 깨어있는 방법을 제시하고 있다. 믿음 또한 깨어있음을 실현하는 효과적인 방법이다. 믿음으로 선정과 같은 상

태에 들 수 있다는 것은, 존재에 대한 믿음 또한 받아 지녀야 할 중
요한 덕목이라는 것을 의미한다. 물론 깨어있음은 궁극적으로 스
스로 주어질 뿐이지 우리가 좌지우지할 수 있는 것은 전혀 아니다.

깨침 (2)

깨침이란 무엇인가? 일단 우리가 깨침, 깨달음이란 말을 듣게 되
면 맨처음 연상되는 것이 석가모니 부처님께서 이루신 깨달음 혹
은 대각大覺이다. 우리 인간의 한계를 뛰어넘는, 그래서 초인이나
하느님의 경지에 오르는 것을 연상하게 된다. 그렇지 않더라도 깨
침이란 과정은 '불가사의'한 현상으로 받아들이게 된다. 불가사의
하다는 것은 모르거나 경험해 보지 못했을뿐더러 상상도 할 수 없
는 경우를 말한다. 그러나 깨침은 불가사의한 것이 아니다. 깨침은
부처님만의 전유물도 아니고 고승들만의 향유물도 아니다. 또 우
리의 손이 닿지 않는 높은 곳에 살고 있는 괴물도 아니다. 우리가
늘 경험하고 늘 곁에 두고 살고 있는 현상이다. 물론 잘 알고 있기
도 하다.

우리가 일상생활이나 직업적인 일을 수행하면서 겪고 있는 현상
들, 예를 들면 새로운 사실을 알게 되고 이해하게 되는 과정, 한 생

각 일어났다가 다른 생각으로 옮겨가는 일, 주위 사람들과 웃고 떠드는 일 등 이런 모든 현상이 바로 깨침이라고 볼 수 있다. 아마 이 말을 믿지 않을 것이다. 그러나 사실이다. 그럼 이렇게 늘 깨침 속에서 생활하면서 왜 깨치지 못할까? 혹은 왜 자신이 깨치지 못했다고 굳게 믿고 있을까?

그 이유는 간단하다. 이렇게 매순간 겪고 있는 깨침에 대해 무관심하기 때문이다. 깨침에 대한 경험을 거부하기 때문이다. 깨침의 순간을 그냥 흘려보내기 때문이다. 깨침은 우리를 절대 기다려 주지 않는다. 우리에게 스스로 알아서 다가오지 않는다. 우리 자신이 적시에 직접 낚아채야 한다. 우리 자신이 적시에 직접 알아봐야 한다. 그렇지 않으면 빛보다도 빠르게 스쳐 지나가 버린다. 깨침을 항상 깔고 앉아 있으면서 내 궁둥이 아래에 있는지도 모르고, 두리번거리고만 있을 따름이다.

이쯤 되면 어떻게 깨쳐야 하는지 아이디어가 생겼을 것이다. 한 생각 한 생각이 모두 깨침 현상이라고 한다면 어떻게 깨침을 "알아봐야만 하는지" 아이디어가 생겼을 것이다. 우선 내가 한 생각을 하는지 알아야 한다. 그렇게 하자면 한 생각 한 생각을 놓치지 말아야 한다. 한 생각을 놓치지 않으려면 어떻게 해야 할까? 잠자고 있을 때 가능할까? 물론 아니다. 반대로 "정신 바짝 차리고 한 생각 일어나는 순간을 포착해야" 한다. 최고도의 수준으로 깨어있어야 한다. 빛보다 빠른 놈을 낚아채기 위해서는 죽기살기로 정신 바짝 차리고 면면밀밀綿綿密密히 지켜보고 있어야 한다. 그 놈은 존재하고 있으므로 나만 잘하면 항상 나에게 걸려들 수밖에 없다. 정신차리고 있으면, 다른 말로 깨어 있으면 깨침은 걸려들게 되어 있다. 거짓말인지 시험해 보기 바란다.

깨어 있으면서 한 생각 일어나는 것을 목격하는 것이 바로 알아차림이다. 우리가 일반적으로 늘 사용하는 '알아차림'과 같은 말이다. 이 알아차림에는 하나도 신비한 것이 없다. 알아차림이 깨침이며 불성이며 우리의 참마음이다. 우리는 늘 눈으로 대상을 본다. 우리가 무엇을 본다는 것은 눈을 가졌다는 말이다. 절대 내 눈은 거짓말을 시키지 않는다. 내가 앞에 있는 꽃을 보았다면, 내 눈으로 보았고, 내 눈은 내 눈이다. 다른 사람 눈이 아니다. 마찬가지로 내가 내 생각을 알아차렸다면, 알아차림은 내 것이다. 알아차림은 '나'이다. 내 눈으로 내 눈을 볼 수 없듯이, 이 알아차림을 볼 수는 없지만, 이 알아차림이 나의 알아차림이란 것을 100% 확신한다. 그래서 알아차림은 볼 수가 없어서 '신비스럽다mystical', '묘妙하다'라고 말한다. 그렇지만 이 말에 속으면 안 된다. 묘하긴 무엇이 묘한가? 내 궁둥이로 깔고 앉아있는 건데….

이것이 깨침이다. 더 이상 두리번거리지 마시고 한 생각 떠오르면 낚아채자. 알아차리자. 그리고 거기서 멈추고 더 이상 "다른 생각"하지 말기로 하자. 망념의 늪에 더 이상 빠져들지 말자. 이미 우리는 깨달은 부처이다.

그래도 나는 있다

우리는 매순간 다른 세계에 살고 있다. 모든 것이 매순간 변화하기 때문이다. 변화 속에서 매순간 다른 세계를 만나지만 우리는 개의치 않고 또 변화를 두려워하지도 않는다. 순간순간의 변화를 모르고 지나치기 때문이기도 하지만 순간적 변화를 알면서 겪는다 해도 마찬가지일 것이다. 보통 우리는 변화 앞에서 긴장하게 되고 경우에 따라서는 두려움도 느껴야 하는 것이 정상이다. 그러나 순간순간의 변화에 대해서는 그렇지 않다. 왜 그럴까? 망념이 끼어들지 않기 때문이다. 긴장하는 것도, 두려워하는 것도 모두 망념의 소산이다. 순간순간 아무런 생각 없이 변화를 맞이한다는 것인데, 그렇다면 도대체 누가 이러한 변화를 겪고 있는 것일까?

바로 '나'다. 나 말고 누가 있겠는가. 나의 존재가 모든 변화와 함께 가고 있다. 거기에 무슨 두려움이 있겠는가. 변화를 거부할 때 두려움이 생겨나지만 변화와 함께 한다면 두려움이 생겨날 리가 없다. 생각 즉 망념은 한 치 앞도 알 수 없으니 변화를 거부하려 들 것이다. 그러니까 두려움이 생긴다. 나의 존재는 변화와 함께 하니 앞도 없고 뒤도 없다. 늘 존재할 뿐이다.

가장 우리에게 절박한 문제는 죽음이다. 죽음은 하나의 변화이다. 변화는 두렵다. 왜냐하면 망념에 사로잡혀 있는 것이 우리의 자화상이기 때문이다. 생각에 생각을 거듭하여도 죽음이란 변화는 알 수가 없다. 죽음이 어떻게 진행되는지, 죽은 후에는 어떻게 되는지 생각으로 도저히 알 수가 없다. 그러니 두려울 뿐이다.

우리는 여행을 하며 미지의 세계와 만난다. 새로운 도시도 방문하고 해외 관광도 하고 멀리 있는 친지도 방문한다. 이렇게 미지의 세계로 떠나면서도 보통 우리는 두려워하지 않는다. 두려워하지 않는 이유가 많겠지만, 가장 중요한 것은 육체적으로 지금의 '나'나 다른 곳에서의 '나'나 똑같이 '나'라는 것이다. 여기서나 거기서나 나의 육신은 변하지 않는다는 것이다. 항상 육신으로서 나는 늘 같을 것이기 때문에 두려움이 생길 이유가 없다. 죽음의 경우는 다르다. 죽음이란 내 육신이 없어지는 것이니 두렵기 짝이 없는 현상이다. 그러나 본마음으로서의 나의 존재를 믿는다면, 또 죽음 후에도 '나'라는 존재는 없어지지 않고 항상 계속된다면, 마치 새로운 도시를 방문하는 것처럼 죽음을 두려워할 이유가 없다. 다른 한편으로 나의 존재는 죽음이란 변화와 함께 할 터이니 두려움이 앞설 이유가 더욱 없다.

나의 존재는 늘 그 자리에 존재한다. 망념이 일어나면 존재도 함께 한다. 망념이 가는 곳에 존재도 따라간다. 존재란 그런 존재이다. 어디 저 높은 곳에 모셔놓은 하느님이 아니다. 항상 지금 당장 이 시각에 이 자리에 존재한다. 우리가 알지 못할 뿐이다. 만일 안다면 아무것도 두려울 것이 없다. 어떤 변화도 내가, 나의 존재가 함께하는데, 그 자체가 존재이유인데 더 무얼 바라겠는가.(나의 존재란 참마음이나 불성이나 청정본심과 같은 뜻이다.)

지금 당장 이 시각에 내가 있는 이 자리에 임臨해 있는 나의 존재를 믿을 수밖에 없다. 또 어제도 존재하고 내일도 존재할 나의 존재를 믿지 않을 도리가 없다. 믿지 않는다면, 우리가 무無에서 출몰하여 엄마에게 잉태되었다는 이야기가 된다. 또 죽어서도 그냥 무無가 된다는 말인데 이제 모두 사실이 아닌 걸 안다. 그럼 나의 존재를 어떻게 알 수 있을까? 그 해답은 앞서 말한 바와 같이 "망념 있는 곳에 나도 있음"에서 찾을 수 있다. 일거수일투족, 생각 생각에 나의 존재는 함께 한다. 이 사실을 깊이 믿는다면 존재가 얼굴을 비칠 순간이 올 것이다. 그 순간을 포착한다면, 이것이 바로 깨침이며 비로소 나의 민낯을 볼 수 있게 된다. 수처작주隨處作主[있는 곳마다 주인이 되어라] 입처개진立處皆眞[지금 그 자리가 바로 진리세계이다]이란 옛 말씀이 있다. (사람마다 해석이 다를 수 있으나) 이 말이 바로 언제 어디서나 나의 존재가 함께함을 말씀하신 것이리라.

우리는 변화 즉 무상無常 속에서 주인으로 살고 있다. 어떤 망념이 우리를 뒤덮고 있다 하여도 나의 존재는 지금 당장 이 자리에서 한 치도 양보하지 않고 그렇게 있다. 더군다나 항상 그 자태를 드러내 보이며 우리와 마주할 준비가 되어 있다. 우리 모두 하루 빨리 랑데부 합시다.

깨칩시다 – 맺음말

"나는 생각한다. 고로 존재한다." 데카르트의 이 말을 다시 곱씹어 생각해 보자. 원래 이 말의 뜻은 감각이나 감정을 배제하고 자기 자신의 생각이 자기 존재의 주체라는 의미인 듯하다. 당시 17세기의 문화적 배경에서 볼 때 파격적인 주장이었다. 이제 데카르트의 의도를 떠나 이 글귀를 다시 뒤집어 살펴보면, '존재'하기 때문에 '생각'할 수 있는 것이다. 생각이 존재를 정당화하는 것이 아니라, 존재가 생각을 정당화하는 것이다. '존재'란 바로 생각의 주체이다. 존재는 삼라만상을 정당화해 주는 그러한 주체이다. 인간에게도, 인간이 겪고 있는 모든 현상을 정당화시켜 주는 주체이다. 그럼 이 존재가 무엇인지 궁구해 보지 않을 수가 없다. (좀 엉뚱하게 들리겠지만) 이 노력이 바로 간화선의 요체이다.

이 존재가 있기는 있는데, 더 정확하게 말하면, 있다는데, 그래서 알기는 알겠는데, 보거나 느낄 수가 없으니 전혀 실감이 나지 않는다. 이게 가장 큰 문제이다. 마치 태양이 하늘 어디엔가 분명히 있다는데 구름이 끼어 육안으로 볼 수가 없는 것과 마찬가지이다. 그렇지만 우리가 보는지 안 보는지에 상관없이, 해는 태양계의 중심에 있고 우리에게 빛을 주고 생명을 주고 있다. 단지 볼 수 없다는 것이 문제이다. 만일 태어나서부터 계속 구름이 끼어 있어 해를 볼 기회가 전혀 없었다면, 아마 해의 존재를 부정해도 할 말은 없을 것이다. 그러나 이런 경우는 없을 터이고, 구름이란 하늘에 계속 떠있기보다는 최소한 어쩌다가라도 한번쯤은 사라져서 해가 모습을 드러나는 기회를 만들어준다. 이때 고개를 들어 하늘을 보면 해를 볼 수 있고, 해의 존재를 경험할 수 있게 된다.

　마찬가지로 우리 삶의 그 자체인 우리의 존재는 구름과 같은 미혹迷惑에 뒤덮여 잘 보이지는 않지만, 언제가 될지 모르지만, 어느 순간에 그 모습을 드러낸다. 특히 위험한 순간, 극도의 고통이나 고민의 순간, 엄청난 정신집중의 순간 등 존재가 그 모습을 순간적으로 드러낼 가능성이 많다. 그밖에 참선수행이나 다른 비슷한 수행을 하다 보면 존재가 모습을 드러낼 기회가 많게 된다. 존재가 모습을 드러낼 때 그 드러난 모습을 알아차리면 깨침이고 그렇지 못하면 그냥 미몽迷夢에 머무는 것이다. 이것이 깨침과 미몽의 차이이다.

　그러면 어떻게 존재가 모습을 드러낼 때, 놓치지 않고 경험할 수 있을까? 바로 이러한 방법을 체계적으로 제시하고 있는 것이 불가佛家의 다양한 수행법이다. 다른 종교에서는 존재에 대해 많은 유익한 얘기를 하고 있지만, "어떻게?" 부분은 매우 취약하다. 현재로서는 불교나 불교의 파생종교들에서만 가능성 많은 방법론을 제시하고 있을 뿐이다. 그렇기 때문에 석가모니 부처님 이후에 불가에서 부처님의 가르침에 의거해서 수많은 깨친 이들이 배출되었을 것이다. 다시 본론으로 돌아가면, 존재 즉 불성을 경험할 수 있는 방법의 기본은 믿음과 노력이다. 물론 올바른 믿음과 올바른 노력을 전제로 하고서 말이다.

올바른 믿음을 위해 어떻게 하여야 할까? 해와 구름을 예로 들면, 구름 너머에 해가 빛나고 있다는 것을 믿어야 한다. 또 우리가 보고 있는 것은 구름이지 해가 아니란 것을 믿어야 한다. 마찬가지로 우리의 존재는 늘 함께한다는 것, 우리가 느끼고 생각하는 것은 존재를 가리고 있다는 것, 내가 '나'라고 여기고 있는 에고는 진짜나가 아니라 가짜나라는 것을 믿어야 한다. 그럼 올바른 노력 혹은 정진精進을 위해 어떻게 하여야 할까? 해와 구름의 예에서, 해와 구름의 존재를 알면서 구름이 걷혀지도록 노력하여 해의 존재가 드러날 수 있는 여건을 만들어야 한다. 자신이 구름 위로 올라가서 해를 직접 볼 수는 없다. 이 노력은 헛수고라는 것은 자명하다. 또 구름을 직접 걷어낼 수도 없다. 사라지도록 유도하는 수밖에 없다. 이것이 수행의 한쪽이다. 계율을 지키는 것, 참선을 하는 것, 정신집중이나 선정에 드는 것, 간화선에 의지하여 수행하는 것 등등 이 모든 것들이 구름이 (잠시만이라도) 비켜서게 하는 수행이다.

예를 들면, 마음을 가라앉히고 또 가라앉히면 마음이 고요해진다. 이때 깨어있는 상태를 유지하여야 한다. 이 상태를 성성적적惺惺寂寂하다고 한다. 이러한 고요한 상태야말로 비어있다고 말할 수 있다. 이러한 고요한 상태에서는 아무리 자그마한 알음알이[식識]라도 나타나지게 된다. 그들은 단지 알음알이에 불과하니 관심을 둘 필요없이 지켜보면 그뿐이다. 이 고요한 상태에서 우리의 존재가 얼굴을 내밀지 누가 알겠는가? 어렵지만, 효과적인 수행법일 것이다.

또 한 가지 예를 들어보자. 언어(말)와 생각이 해를 가리고 있는 구름을 만들어내는 가장 큰 걸림돌이다. 이 언어와 생각은 우리의 경험(지식, 간접체험 등을 포함)에서 나온다. 그러나 언어에서 경험이 나올 수는 없다. 언어와 경험의 관계는 일방적이다. 다시 말하면 경험에서 언어로 가는 길만 있을 뿐, 반대 방향의 길은 없다. 그러나 우리는 언어를 붙들고 경험의 세계로 들어가려 하고 있다. 성인들의 가르침에 기반하여, 즉 가르침의 언어에 기반하여 존재에 대한 경험을 하려 하고 있다. 이것은 거의 불가능한 일이다. 그래서 부처님께서는 유훈에 남기시기를 부처님 당신 자신이나 당신의 말씀에 의지하지 말라고 하지 않으셨던가. 존재를 경험하는 과정에서 언어는 그저 힌트를 줄 뿐, 그 자체는 아무런 역할을 할 수 없다. 그렇지만 언어의 순기능도 있다. 말은 그 말이 내포하는 뜻이 존재함을 알려준다. 즉 그 뜻을 취하여야 한다. 믿을 수 있게 만들어 주는 것도 언어의 큰 역할이다. 그러므로 가르침에 의지하되, 그 가르침에 따르기 전에 그 속에 숨어있는 뜻이 무엇인지 헤아려서 정확히 알아야 한다. 그 헤아리는 과정이 아무리 길다 하여도, 바늘허리에 실을 매서 꿰맬 수 없듯이, 가르침에 무턱대고 따를 수는 없다.

우리의 목표를 깨침으로 삼자고 하였습니다. 그리고 목표에 대한 접근방법으로서 여러 갈래의 길에 대하여 논의하였습니다. 앞에서 말씀드렸듯이 태양이 얼굴을 내밀 때는 얼마든지 많이 있습니다. 항상 내면을 관찰하면서 그 '모습'을 알아차리는 기회가 하루빨리 오기를 기원합니다.

새롭게 시작하기

　지난번 "작은 큰 걸음" 주제에서 우리가 추구했던 목표는 '깨침'이었다. 돈오頓悟의 경험을 얻고자 노력하였다. 그 결과는 눈에 띄지는 않았을 수 있지만, 깨침에 대한 자세가 보다 긍정적으로 바뀌었다면 의미있는 공부였다고 여겨진다. 또한, 깨침이나 깨달음이 더 이상 우리와 관계없는 일이 아니고, 또 더 이상 저 먼 나라 얘기가 아니고, 우리가 추구할 만한 목표라는 생각을 가졌을 것이다. 농담으로나마 가볍게 웃으며 '깨침'을 화제에 올려놓을 수가 있게 되었을 것이다. 이제 가깝게 다가온 깨침이란 상태를 향해 더욱 매진할 자세가 되어 있다고 생각한다. 그래서 이제는 깨침을 향한 우리의 발원發願을 현실화 내지는 내실화하는 계기를 만들어 가면 어떨까 한다. 이것은 우리가 당면한 많은 문제를 해결할 수 있는 열쇠를 제공할 것이다.

깨달음은 다름 아니라 깨어있는 것이다. 물론 올바르게 깨어있어야 하지만 말이다. 그렇지만 올바른 깨어있음이나 그렇지 않은 깨어있음이나 깨어있음의 범주에서 벗어나지 않는다. 그렇다면 "올바른 깨어있음"에 도전해 볼 수 있지 않을까. 왜냐하면, 우리 생각으로는 잠에 들거나 졸거나 하지만 않으면 대체로 '깨어있다'라고 말할 수 있으니까 말이다. 그러니까 깨어있음이란 우리가 늘 경험하고 있는 것이다. 여기에 조금만 더 살을 붙이면, 요술방망이 같은 "올바른 깨어있음"이 될 것이다. 한번 시도해 볼 만하지 않은가. 느낌에 그리 어렵지 않을 수 있다는 선입감을 갖기에 충분하지 않을까.

흔히 옛사람들은 바닷물에 비유하여 우리의 성품을 설명한다. 물은 똑같은 물이로되, 바람에 나부끼면 파도가 되고, 밀물·썰물에는 거대한 물 흐름이 되고, 수면 아래에서는 잔잔한 물이 된다. 그렇지만 모두가 물의 속성을 가지고 있으며 겉모습만 다를 뿐이다. 깨어있음도 마찬가지이다. 깨어있으면서 화를 낼 수도, 시험문제 푸느라 집중할 수도, 말할 수도, 명상에 들 수도 있다. 또 아기가 칼을 만지려 하면 엄마가 뛰어가서 칼을 빼앗는 순간도 깨어있는 상태이다. 이렇듯 깨어있음도 그 속성은 같지만 겉모습은 모두 다르다. 그렇다면 그 속성은 무엇일까. 이 속성을 잘 이해하고 내 것으로 만들면 "올바른 깨어있음"이 가능하지 않을까.

다시 한번, 어떻게 바르게 깨어있을까 고민하고 노력해 보기로
하자. 깨어있으며 자유를 누린다면 많은 문제가 더 이상 문제가 안
될지도 모른다. 자유 앞에서는 모든 것이 투명하니까 말이다.

1일 1선 一日一善

"1일 1선一日一善 - 하루에 (최소한) 한 가지 좋은 일을 한다." 이 말
은 다양하게 적용가능하다. 건강을 위해서도, 학습을 위해서도, 인
간관계를 위해서도, 좋은 일을 하기 위해서도 1일 1선을 실천할 수
있다. 여기서는 깨어있기 위한 1일 1선에 대하여 일상생활을 중심
으로 살펴보기로 하자.

- 우리가 아침에 눈을 뜨면 대개 잠자리에서 즉시 일어나지 않고
  좀 여유를 부리다 일어난다. 이때 다음과 같은 의문을 제기해
  본다. "잘 때 나는 어디에 있었지? 꿈속에서 '나'라고 하던 사람
  은 누구지? 지금의 나와 그때 나는 어떻게 다르지?" 등등.

- 아침에 세수와 아침식사는 대개 하기 마련이다. 이때는 비교적
  마음이 한가하고 정신이 또렷할 때이다. 이 닦고 세수할 때 다
  음과 같은 생각을 해 본다. "내가 지금 이를 닦고 있네. 거울

속에 비치는 사람은 누구지? 손 씻고 있는 사람은 누구지?" 등 등. 아침식사 중에도 "내가 밥을 떠서 입에 넣고 있구나. 밥을 씹고 있구나. 숟가락을 놓고 있구나" 등등.

- 길을 걸을 때 주위 사물과 지형을 관찰하게 되는데 이때에도 관찰하고 있는 자신을 되돌아보고 관찰하고 있는 사실을 확인한다.

- 다른 사람과 만나서 얘기를 할 때 다음과 같은 사실들에 유념한다. "나의 얘기 상대는 부처님이다. 나도 부처님이다. 나와 상대가 어떤 인연이 있구나. 그 인연은 인연일 뿐 지금 나하기에 달렸다. 혹시 상대방의 말이나 행동이 마음에 안 들더라도 내가 그것에 좌우될 이유가 하등 없고, 나는 부처님으로 행동하겠다." 등등.

- 버스나 지하철을 탈 때 딱히 할 일이 없을 것이다. 그냥 가만히 앉아 있거나 서 있다 보면 잡생각에 빠지거나 주위를 바라보며 망념에 사로잡히기 십상이다. 이때 잡생각에 빠진 이 사람이 누구인지 돌이켜 본다. 이 돌이킴을 가능한 한 오래 반복한다.

- 모임을 갖거나 외식을 할 때 대개 주위가 어수선하다. 이때 평소라면 그 분위기에 빠져 일희일비―喜―悲하게 마련이다. 한번쯤은 자기의 위치를 확인하고 지금 이 어수선한 가운데 있는

나를 돌이켜본다. 가능하면 이것을 반복한다.

- 하루에 한번쯤은 의자에 앉거나 바닥에 앉아 눈을 감고 조용히 마음을 가라앉힌다. 그냥 가라앉히는 것은 매우 어려우니 어떤 대상을 하나 정하고 그것에 집중하며 마음을 가라앉힌다. 예를 들면, 아들/딸/손주 등의 얼굴을 생각 없이 바라보며 마음을 가라앉힌다. 이때 얼굴을 놓치면 안 된다. 놓치면 잠에 빠지거나 정신이 혼미해질 수 있다.

- 하루에 한 번쯤은 정지된 상태에서 눈을 감고 머릿속에 떠도는 생각들을 지켜본다. 생각을 지켜본다는 것은 생각한다는 사실을 알아차리는 것이다. 그리고 가능하면 생각이 흘러가는 대로 따라가 본다. 끝까지 따라가다 그 생각이 사라지면 조용히 있으며 다음 생각이 일어날 때를 기다린다.

- 졸리거나 정신이 혼란스러울 때, 깨어있으려 노력한다. 이때 졸음을 쫓으려고 하지 말고, 있는 힘을 다해 깨어있으려고만 노력한다. 그 깨어있는 상태를 의식한다.

- 하루에 한 번쯤 부처님이나 좋아하는 조사 스님과 마음속에서 만난다. 만나서 그 분들의 가르침을 되새겨 본다. 특히 그 분들의 말씀 중 이해가 안 되는 부분에 대해 조용히 살펴본다.

- 하루에 한 번쯤 경전이나 좋은 책의 일부분(한 쪽도 좋고 한 문단도 좋음)을 읽고 그 글을 쓰거나 말한 분의 본 뜻이 무엇인지 곰곰이 생각해 본다.

- 자기 전에 잠시라도 깨어있도록 노력한다. 깨어있으면서 오늘 하루를 살았던 내가 누구였는지, 지금의 나와 어떻게 다른지 살펴본다. 또 자면서도 깨어있으리라고 다짐해 본다.

아마 이 외에도 깨어있기 위해 할 수 있는 일들이 많이 있을 것이다. 이런 일들을 하루에 하나씩 - 물론 더 많이 하면 더 좋다 - 실천에 옮겨 보기로 한다. 우리 다함께 외쳐보자. "1일 1선~!!"

바라보기, 들어보기

우리가 일상생활을 하며 부딪히는 일들은 다양하기 이를 데 없다. 우리 생각과 몸은 한시도 가만히 있지 않고 움직인다. 그러니 일생동안 우리가 하는 일은 이루 말할 수 없이 많을 것이다. 그러나 이렇게 많은 일도 모두 근원은 같다. 마치 파도의 형상은 수없이 많겠지만 그 근원은 바다인 것과 같다. 우리가 행하는 모든 행위의 근원이 바로 우리 삶의 근원이라고 할 수 있다. 이것을 참나,

참마음 등 여러 가지 이름을 붙여 표현한다. 그리고 우리는 참마음의 정체를 알고 체험하기 위해 노력한다.

　그 노력의 한 방향으로, 어떤 대상을 '바라보는' 것이 있다. 우리가 경계에 부딪칠 때의 대상, 즉 몸과 생각이 움직일 때 생겨나는 대상을 의식하는 것이다. 내가 걷고 있다면 걸음을 의식하는 것이 곧 걸음을 바라보는 것이다. 그러나 단순히 바라만 보는 것이 아니다. 이렇게 바라볼 때, 바라보는 '주체'가 있을 것이다. 바라봄을 의식하는 '놈'이 있을 것이다. 그것이 무엇인가. 이 의식하는 '놈'을 의식하고 있는 것을 바로 '바라본다', '관觀한다'라고 한다. 다시 말하면, 이렇게 걸음걸이를 '바라본다'는 것은 그냥 바라보는 것이 아니라, '바라봄'의 행위를 의식하는 것이다. 굳이 의식하는 것을 또 다른 행위라 한다면, 이 '의식행위'는 순간적인 행위이다. 생각이 개입될 여지가 없이 즉각적으로 일어나는 행위이다.

　이런 바라봄의 의식행위를 다른 표현을 빌려보면, 깨어있음, 알아차림, 마음챙김 등이라고 부른다. 깨침이나 깨달음도 이러한 의식행위의 연장선상에서 이루어지므로 같다고 볼 수 있다. 그런데 이 '바라봄'이라는 어휘가 우리의 습성에 의하면 "눈으로 보는 행위"와 연관된다. 그래서 '바라보다'라고 하면 눈으로 대상을 쳐다보는 행위라고 무의식적으로 머리에 떠오른다. 그래서 이 단어를 쓰는 것이 조심스러워지기도 한다.

　그런데 바라봄을 효과적으로 실천하는 방법 중의 하나로 엉뚱한 생각을 해 본다. '바라봄' 대신에 '들어봄', '냄새맡음', '맛봄', '움직임' 등의 어휘를 사용하면 어떨까. 한 예로, 어떤 소리가 들릴 때 그 듣는 행위를 의식하며 그 의식하는 '주체'를 의식해 본다. 이것을 '바라봄'이라 하지 말고 그냥 '들어봄'이라고 해 보자. 그러면 관습적으로 "눈으로 바라보는 행위"로서의 바라봄이 갖는 문제점을 해소할 수 있지 않을까. 이렇게 되면 우리가 일상에 부딪히는 모든 경계에 대해 의식에 의식을 더할 수 있을 것이다. 이것이 깨어있기이다.

항공사들은 자기들 여객기의 좌석을 만석으로 만들기 위해 최선을 다한다. 항공노선에 투입되는 비행기는 어차피 정해진 스케줄대로 운항되어야 하니, 빈 좌석으로 운행하면 그만큼 손해일 것이다. 그러므로 최대한 많은 승객을 태워 운행되는 여객기의 수지를 맞추려고 노력한다. 한편 우리에게는 원하든 원하지 않든 항상 시간이 주어져 있다. 이 시간을 의미있는 일들로 채우도록 노력하여야 한다. "의미있는 일"은 깨어있으며 하는 일이다. 즉 깨어있는 시간으로 채워야 한다. 마치 여객기의 좌석을 만석으로 만들려 노력하듯이, 우리도 우리에게 주어진 시간을 "깨어있음"으로 만석이 되도록 노력하여야 한다. 항공사보다 앞서 가야 하지 않겠는가.

부처님의 유훈

　산에 오르며 부처님의 유훈을 생각했는데, 나중에 보니 우연히 도 그 날(음력 2월 15일)이 부처님의 열반재일임을 알게 되었다. 그래서 그때 생각했던 바를 글로 옮겨 보기로 한다.

　부처님의 유훈은 세 가지로 요약된다. 그 뜻을 살펴보면, 수행자가 공부할 때 첫째는 자기 자신을 등불로 삼아 의지하고[자등명自燈明], 둘째는 진리를 등불로 삼아 의지하고[법등명法燈明], 셋째는 모든 것이 일어났다 사라질 뿐이니 열심히 정진하여 깨달음을 얻어라. 물론 이 세 가지 중 첫 번째와 두 번째만 유훈의 핵심으로 인용되고, 세 번째는 앞의 두 가지를 실천하는 방법으로 간주되는 것이 보통이다.

　첫 번째 말씀은 자기 자신이 부처이니 그 부처에 의지해야 한다는 것이다. 즉 외부의 그 무엇에도 의지하지 말고 부처 그 자체인 자신에게 의지해야 한다는 말이다. 부처님께서 평소에 하신 말씀 중에 보면, 부처님 당신 자신이 한 말에 의존하지 말라는 말이 있다. 혹은 말씀을 마치시고는 부처님 당신이 하신 말씀이 아무것도 없다고도 했다. 즉 모든 사람들이 부처이고, 각각 천상천하 유아독존이니 다른 사람이나 상징물에 의존할 수 없는 것이다.

　이러한 자등명 공부의 첫걸음으로 자신이 부처라는 '사실'에 눈을 떠야 한다. 자기 부처와 함께 깨어있어야 한다. 이것이 믿음이다. 앎이 없는 믿음이다. 이렇게 믿지 않고는 한 치도 앞으로 나아갈 수 없다. 믿고 또 믿어 가면 진정한 자기 자신과 함께하게 된다. 즉 '나'와 '부처'가 하나가 된다. 너와 나의 구분이 없어지고 오직 부처 마음자리만 남게 된다. 그러므로 첫 번째 자등명 공부는 자신만이 의지처라는 사실과 이 사실에 대한 깨어있는 믿음으로 들어가야 한다.

　두 번째 말씀은 해탈이나 열반에 이르기 위해서는 진리만을 의지해야 한다는 것이다. 진리 아닌 것에 의지하면 아무리 노력한다 할지라도 해탈에서 점점 더 멀어질 뿐이다. 진리의 길만이 우리를 깨달음의 저 언덕으로 인도한다. 그럼 진리란 무엇인가. 삼라만상의 참모습이며 삼라만상이 있게 해주고 움직이게 해주는 법칙이다. 이 법칙이란 우리가 알고 있는 법칙이 아니다. 앎을 떠난 법칙이다. 그러므로 우리는 진리가 무엇인지 모른다. 안다고 하면 진리가 아니다. 그럼 어떻게 해야 진리를 의지처로 삼을 수 있을까.
　앎의 세계를 떠나야 한다. 그리고 우리가 늘 부딪히는 경계(즉 대상)를 있는 그대로 받아들이는 것이다. 있는 그대로 바라봐야 한다. 이 말의 뜻은 우리의 생각으로 경계를 대하면 안 된다는 것이다. 왜냐하면 생각도 일종의 경계이니 말이다. 경계 A가 경계 B를 판단한다면, 그것은 경계 A의 판단이지 내 자신의 판단은 아니다. 생각을 포함한 삼라만상을 있는 그대로 받아들이고 바라보는 것이 진리를 드러내는 것이다.
　잠시 딴길로 빠져, 생각을 받아들이는 것과 생각에 의존하는 것이 어떻게 다른지 살펴보자. 우리가 겨울에 눈덮인 도로에서 자동차를 운전하다가 미끄러져서 나무를 들이받았다고 하자. 이때 운전자 M은 차가 나무를 받은 것을 마치 자기가 나무를 받은 것처럼 아파하고 화내고 한다고 하자. 한편 운전자 N은 차가 나무를 받은 것을 그냥 차의 행위로 파악하고 있다고 하자. 운전자를 진짜 나 그리고 자동차를 생각이라고 비유한다고 하면, 운전자 M은 자기와 차를 동일시하고 있어, 생각에 의존한다고 할 수 있다. 한편 운전자 N은 차의 행위를 그대로 받아들이고 있으므로, 생각을 있는 그대로 바라본다고 할 수 있다. 운전자 M은 감정에 치우쳐 제대로 사태를 수습할 수 없지만, N은 객관적으로 일을 순조롭게 처리할 수 있을 것이다. 마찬가지로 진리에 의지하면 "해야 할 바를 모두 성취하라"는 부처님의 세 번째 유훈(대반열반경)에 따르게 된다.

그럼 생각을 어떻게 대해야 하나. 생각을 없애야 할까, 생각을 억눌러야 할까, 좋은 생각만 해야 할까, 한 생각이 날 때마다 다른 생각으로 덮어야 할까…. 우리가 사람으로 살아가는 한, 이런 방법은 통할 리가 없다. 생각도 다 원인이 있어 생겨나는 것이고, 또 나름대로 필요하니까 존재하는 것이다. 그러므로 생각을 없애야 하는 적으로 삼으면 안 된다. '진리'에 어긋난다. 생각은 인간이 살아가는 귀중한 수단임에 틀림이 없다. 그러므로 생각과 싸우는 대신에 생각을 존중해 보자. 생각 그 자체를 존중한다는 말은 위의 비유에서 운전자 N처럼 생각을 바라본다는 것이다. 다른 말로, 자기의 생각을 알아차리고 그냥 생각으로 인정하는 것이다. 그럼 그 생각을 알아차리는 그 무엇인가가 있을 것이다. 그러나 우리는 그것이 무엇인지, 누군지 모른다.

세 번째 말씀은 헛된 것에 한눈팔지 말고 부지런히 정진하여 깨달음의 저 언덕으로 건너란 것이다. 여기에서 헛된 것에 한눈팔지 말라는 말씀은 자기 자신과 진리에서 한 치도 벗어나지 말라는 당부이다. 만일 조금이라도 벗어난다면 엉뚱한 곳으로 향하게 될 것이다. 마치 서울에서 제주로 가는 비행기가 방향을 0.1도라도 다른 방향으로 계속 진행한다면 결코 제주에 도착할 수 없는 이치와 같다. 그러므로 부지런히 정진하되 깨어있는 믿음에 의지하여야 하며, 모든 것을 받아들이고 또 무엇에도 방해받지 않는 공적空寂[텅 비어 고요함]의 상태에서 닦아나가야 한다. 이것이 곧 알아차림이나 깨어있음에 이르는 길이다. 이것이 곧 깨달음의 저 언덕으로 건너는 길이다.

겁 없이 산다

선禪수행하는 데 있어 용맹정진이란 말이 있다. 말 뜻대로 하자면 용맹스럽게 참선수행하는 것이다, 한데 왜 수행을 용맹스럽게 해야 하는 것일까 하는 의문이 든다. 언뜻 떠오르는 생각은 용맹정진은 대개 밤을 새워가며 하니까 용맹하게 하지 않으면 졸음에 떨어지든지 망념에 사로잡힐까봐서 그런가 보다 하는 추측이다. 이 해석은 일리가 있다. 그러나 좀 엉뚱하겠지만 다른 해석을 내놓아 보자.

용맹스럽다는 것은 용감하다는 뜻이며 두려움이 없다는 뜻이다. 두려움은 인간의 생각과 행동을 지배한다. 광의의 두려움은 무서움, 근심걱정, 공포심 등을 포함한다. 또 화엄경에는 포외怖畏라는 말씀이 있어, 사는 데 따른 두려움, 명예를 잃는 두려움, 죽음에 대한 두려움, 악도惡道에 떨어지는 두려움, 대중 앞에 나서는 두려움 등 다섯 가지가 있다고 한다. 이렇듯 두려움은 우리의 삶 전반에 걸쳐 심각한 영향을 미치고 있다. 그렇다면 두려움은 왜 생기는가?

두려움은 '나'라고 하는 관념에 집착하면서 생겨난다. 나, 즉 에고는 스스로를 보호하기 위하여 두려움을 앞세운다. 물론 에고란 마음 밭에서 자라난 생각의 집합체라고 볼 수 있다. 우리의 물질적인 육체와 마찬가지로 생각도 눈에 보이지 않는 하나의 사물 혹은 물체라고 간주할 수 있다. 그러므로 나름대로 존재를 이어가기 위해 수단과 방법을 가리지 않는다. 육신을 지탱하기 위해 인간을 본능의 지배하에 두는 것과 마찬가지로, 생각 즉 망심妄心도 자신의 존재를 이어가기 위해 무한히 노력하고 있다. 이 생각의 본체가 바로 에고이다. 물론 생각은 끊기지 않고 일어나는 것이 아니라 그때그때 생각이 떠오르는 것이지만, 마치 바람이 불 때만 불더라도 항상 바람의 근원인 공기는 존재하듯이, 생각의 근원인 에고는 항상 거기에 존재한다. 육체의 본능이 육체를 보전하는 데 필요한 수단이듯이 에고를 보전하는 데는 두려움이 필요하다.(물론 두려움 이외에 다른 요소도 있겠지만.)

그러므로 두려움은 생각이 있는 한 항상 존재하는 마음의 한 단면이다. 우리가 수행을 하는 데 있어서도 두려움은 한 역할을 한다. 우리가 선수행하는 데 가장 역점을 두는 덕목이 무엇인가? 바로 생각을 쉬는 것이다. 망념에 끄달리지 않고 조용히 깨어있으면서, 망념이 일어날 때마다 그 망념을 바라보며 알아차림의 상태를 유지하려고 노력하지 않는가. 이것은 생각 즉 에고의 입장에서 보면 심각한 사태라고 할 수 있다. 에고의 존립에 위협을 받는 것이다. 그러므로 '본능적으로' 두려움을 발동시킬 수밖에 없다. 수행의 숙적이 나타나는 것이다. 색신의 본능과 더불어 에고의 본능인 두려움이 수행의 원수의 자리에 있다고 할 수 있다.

병서兵書에 지피지기知彼知己면 백전백승百戰百勝이라고 한다. 우리가 깨어있음의 수행을 함에 있어 누가 적인지 분명히 알 필요가 있다. 저 아래 저변에서 헤아릴 수 없이 오랜 세월, 자리를 잡고 있는 에고가 제 역할을 할 수 없게 만들어야 한다. 두려움이 밀려올 때 (그러나, 이 사실을 알 수 없게 은밀히 작용하는 경우가 더 많다), 이를 놓치지 말고 그대로 직시하여 깨어있음의 에너지에 의해 스스로 사그라들도록 해야 한다. 이것이 에고가 쉬게 하는 방법이다. 생각이 쉬게 하는 방법이다.

그래서 수행자는 겁이 없어야 한다. 용맹스러워야 한다. 좌고우면左顧右眄하면서 에고의 그늘에서 벗어나지 못하면 몇 걸음 못 가 발병난다. 어떤 두려움이 스멀스멀 다가오더라도, 이를 면밀히 살펴 정면 대응을 해야 한다. 정면대응이란 싸움으로 대응하는 것이 아니라 한 차원 위에서 두려움을 감싸야 한다. 즉, 겁 없는 마음으로 대응한다면(겁없는 마음이 바로 참마음이고 깨어있는 마음이다) 아무리 강

력하고 간교한 에고라 할지라도 어찌 할 바를 모르고 연기처럼 사
라질 것이다. 그래서 용맹정진을 독려하는 게 아닐까. 우리 이제
겁 없이 삽시다. 깨어 있읍시다.

수행, 수행처

우리가 무엇을 하건, 빈틈없이 원만하게 일을 수행하기 위해서는
육하六何 원칙의 각 항목이 고려되어야 한다. 누가, 언제, 어디서,
무엇을, 왜, 어떻게. 우리가 선禪수행을 하는 데 있어서도 이 원칙
에 의거하여 계획할 수 있을 것이다. 예를 들면, "대학 불교 동아리
가 8월에 송광사에서 간화선으로 깨치기 위해 철야정진하면서 수
행한다"라는 시나리오를 생각해 볼 수 있다. 특히 다수의 사람들
이 함께 수행하는 데는 이렇게 정해 놓고 수행하는 것이 효과적일
것이다. 그러나 개별적인 수행에 있어서는 이 원칙을 어떻게 적용
할 것인가 하는 의문이 따른다. 이제 이 여섯 개의 항목 중 '언제'
와 '어디서'를 중심으로 논의해 보자.

결론부터 말하자면, 수행 시기와 장소는 언제나 그리고 어디서
나이다. 시기와 장소를 따로 못박는 것은 안 하겠다는 것과 같다.
즉 미리 정해놓은 시간이나 장소 이외에서는 하지 않고 있다가 정

해놓은 시간과 장소에서만 하겠다는 뜻이니 말이다. 그러나 말이 좋지, 어떻게 어디에 있건 항상 수행을 할 수 있겠는가. 우리 함께 그 방법을 연구해 보자.

우리는 늘 존재한다. 하루 24시간 자다가 일어나서 하루 일과를 마치고 다시 잠자리에 들 때까지 분명히 우리는 존재한다. 그리고 잘 때도 틀림없이 우리는 존재한다. 이 사실은 모두 인정할 터이다. 그렇다면 이미 우리는 하루 종일 수행하고 있는 것이다. 그렇게 24시간 존재하는 그 무엇은 - 이것을 '존재'라고 부르기로 하자 - 이미 잘 알고 있다. 아니 알 필요도 없다. 그런데 우리는 이 존재에 대해 무관심한 것 같다. 우리가 모르는 것에 대해서는 무관심할 수밖에 없으니까 그렇다 치자. 그래서 우리는 최소한 이 존재를 경험하려고 노력하여야 한다. 대부분의 경우, 이러한 노력을 '수행'이라고 부른다.(사실 엄밀하게 말하면 수행이란 존재의 경험 후에 시작된다고 본다. 그러나 이 논의에서는 존재의 경험을 위한 노력도 수행이라 부르기로 한다.)

이 존재를 경험하려고 노력하려면 선행조건이 있다. 이 존재의 존재를 믿어야 한다. 그러나 안 믿을 도리가 없다. 왜냐하면 우리는 24시간 존재하고 있으니까. 또, 그 존재를 경험하기 위해서는 항시 관심을 가지고 있어야 한다. 사실 우리는 늘 먹는 것에 관심을 두고 있다. 물론 배고프거나 맛있는 것을 봤을 때는 관심이 표출되지만 그렇지 않을 때도 마음속에는 항상 그 관심을 묻어두고 다닌다. 그러다가 조건(여기서는 배고픔, 맛있는 음식)만 맞으면 저절로 튀어나온다. 마찬가지로 우리 존재에 대한 관심도, 겉으로 드러나 있느냐 수면 하에 있느냐 차이지만, 항상 가지고 있을 수 있다. 그래서 우리는 항상 존재에 대한 경험에 관심을 쏟아야 한다. 특히 처음에는 억지로라도 그 관심이 표출되어, 비록 생각에 의존하겠지만, 마음의 방향을 존재 쪽으로 향하게 하여야 한다.

이러한 노력은 어디에서나 가능하다. 그리고 노력에 노력이 이어지다 보면 생각이 쉴 때는 저절로 존재에 대한 경험을 위해 관심을 돌리게 될 것이다. 노력이 더욱 깊어지면 오히려 잡생각이 줄어들고 존재에 대한 관심을 더 크고 자주 기울이게 될 것이다. 옛사람들이 인간으로 태어난 복 중에서 가장 큰 복이 수행을 할 수 있는 가능성이라고 했다. 이런 복을 그냥 흘려보낼 수는 없다. 그러므로 이러한 노력을 반드시 하겠다는 의지와 용기가 필요하다. 인간으로 태어났으면 이것은 선택이 아니라 필수이다. 수행 의지는 주어진 복을 가장 잘 그리고 멋지게 받아들이기 위한 선결조건이다.

우리의 존재를 경험하려는 노력은 언제 어디서나 하여야 하고, 또 할 수 있다. 이 노력이 깊어지면 죽음이 두려울 것 없다. 오히려 죽으면 더 좋을지도 모른다. 왜냐하면 잡생각이 없어지면서 시간이 더 많아져 수행하기가 더 좋을 수도 있으니까 말이다.(물론 다른 능력이 없어져 불리하게 되겠지만, 그렇다는 말이다.) 어쨌든 죽어서도 수행을 계속하겠다는 각오를 다지자.

이렇게 노력하기 위해서 또 하나의 선결과제가 있다. 깨어있어야 하는 것이다. 그런데 깨어있다는 자체가 존재를, 또 존재함을 의미한다. 그러므로 깨어있으면 이미 존재를 경험한 것이다. 즉 선결과

제가 바로 그 결과이다. 우리가 땅을 디디고 서있으면서도 땅의 존재를 잊거나 모르듯이, 우리 자신의 존재 속에 있으면서도 그 존재를 모르고 있다. 눈이 눈을 못 보듯이 말이다. 앞에 놓인 물건을 보면 우리 눈이 있다는 것을 '안다'. 깨어있으면 깨어있는 '놈'을 '안다', 즉 경험한다. 모르면 바보다.

생각을 어찌 할꼬?

생각은 알 수 없는 놈이다. 우리가 알고 있다고 하는 생각은 빙산의 일각에 불과할 것이다. 생각은 어떻게 생기고 없어지는지, 어떻게 생겼는지, 어떻게 존재하는지, 그 내용은 어떻게 결정되는지, 다른 요소(뇌, 오감, 본능, 무의식 등)와의 관계는 어떻게 되는지 등등 수없이 많은 의문이 아직 풀리지 않고 있다. 현대 심리학에서 열심히 우리의 마음을 연구하고 있지만, 모든 연구나 논리는 언어로 가능하니 생각의 정체에 대한 규명노력은 분명히 한계가 있을 수밖에 없다.

생각은 무엇이 문제인가? 인류의 생활과 문화와 문명은 모두 생각 덕분으로 이렇게 발전되어 왔다. 우리가 누리고 있는 가장 중요한 능력인 '생각'이 없다면 인간은 다른 동물들과 하등 차이가 없을 것이다. 깨달음을 향한 수행에 있어서는 이렇게 소중한 생각을 나쁜 놈, 죄인으로 취급할 수 있으니 좀 당황스럽다. 선禪수행에서는 아예 생각을 망념, 망심 등으로 표현하며 적대시한다. 무엇이 문제가 되기 때문에 생각에 대한 태도가 이렇듯 차가울까? 그 답은 일차적으로 욕심과의 관계에서 찾을 수 있다. 또 생각의 부작용이 무엇인가를 분석해 보면 그 문제점이 드러날 것이다. 그렇게 되면 생각에 대한 대처방안이 떠오를 것이다.

우리는 인생을 즐기며 살고 싶어 한다. 즐긴다는 것은 우리의 욕심을 만족시키는 것이 아닐까. 기본적으로 욕심은 생명체가 존재하기 위해 필요하다. 예를 들면, 배고프면 먹는 욕심이 생겨야 굶지 않을 것이다. 그럼 욕심은 뭐가 나쁜가. 나쁜 점이 많겠지만, 인간에게 가장 치명적인 한 가지만 살펴보자. 인간에게 있어 욕심의 가장 큰 문제는 생각과 손을 잡는다는 것이다. 욕심이 생각과 어울리면 그 욕심의 작용은 끝이 없게 된다. 왜냐하면 생각은 통제되지 않는 현상이기 때문이다. 생각은 자기세상을 만들어 끝없는 작용을 만들어간다. 일례로, 동물들은 배가 고프면 배가 불러질 때까지만 먹이를 취하고 더 이상은 취하지 않는다. 그러나 인간은 생각의 영향 하에서 끝없이 탐욕을 부릴 수 있다. 이렇게 생각과 욕심은 서로 상승작용을 일으키며, 바람직하지 않은 방향으로 우리를 몰아갈 수 있다. 인류의 역사를 돌이켜 보면 결국 모든 불행한 역사는 생각과 욕심의 합동작전이라고 볼 수 있다. 그러니 인간의 욕심은 더욱 위험하다. 생각의 힘을 빌려 끝없는 업을 지어나갈 수 있기 때문이다.

이 문제를 풀기 위해서는 욕심과 생각을 떼어놓고 보는 습관을 들여야 한다. 욕심에 의해 생각이 일어날 때, 돌이켜 욕심을 본다. 이때 이 욕심에 대한 생각은 망념임에 틀림없다. 그러면 또 다시 돌이켜 본마음으로 향한다. 그래서 욕심의 정체를 잘 파악하고 있어야 한다. 아마 우리의 생각의 대부분이 욕심과 연계되어 있을 것이다. 그러니 욕심이 일어나는 것만 잘 파악하고 있으면 망념에 대한 대책은 거의 충분할 것이다.

생각의 부작용 중에 가장 문제되는 것은 생각이 인간의 감정이나 육체에 직접적인 영향을 미치는 것이다. 또 생각은 어느 정도 스스로 관리할 수 있으므로, 연속된 생각생각이 모여 '거짓나' 혹은 에고를 만들어 내는 것이다. 이 에고는 자신의 존립을 위해 수단과 방법을 가리지 않는다. 물론 에고는 생각을 자유자재로 부릴 수 있다. 또 에고는 생각을 통해 인간에게 두려움을 만들게 하여 통제수단으로 사용한다.(물론 두려움이란 육체를 보존하는 데 중요한 요소이다. 예를 들면 낭떠러지에 섰을 때, 두려움이 있으므로 조심해서 움직이게 된다.) 이 와중에서 불행과 고통이 탄생하는 것이다. 그러나 더욱 문제되는 것은 생각이나 에고는 장기적으로 볼 때, 전혀 책임을 지지 않는 것이다. 아니, 책임을 질 수 없다. 왜냐하면 우주만물의 조화를 생각으로 전혀 짐작조차 할 수 없으므로, 조화의 아주 미세한 부분이기 때문에, 생각은 책임질 수 없는 일만 잔뜩 벌여놓고, 숙주를 괴롭게 해놓고, 사라져 버린다. 그 책임은 누가 지는가. 바로 '내'가 진다. 얼마나 괘씸한 일인가.

그러면, 이러한 생각이나 에고를 어떻게 다룰 것인가. 사실은 이 질문에 대한 답을 얻기 위해 동서고금의 수많은 사람들이 수행하고 있다고 볼 수 있다. 일단 가장 기초적인 사실은, 생각을 다루기 위해서는 제3자가 나서야 한다는 것이다. 생각이 생각을 완전히 다룰 수는 없다. 오른손으로 오른손 손톱을 깎을 수 없는 것과 마찬가지이다. 왼손이 있어야 한다. 생각을 다루기 위해서는 제3자로서 생각이 나온 자리에 의존할 수밖에 없다. 그것이 우리의 존재이다. 불성이며 참마음이며 자성이다. 그리하여 지혜로서 생각을 다뤄야 한다. 그것을 말로 표현하면, 생각을 "쓴다"고 한다. 생각은 인간에게 주어진 참으로 귀중한 도구이다. 이 도구를 필요할 때 요긴하게 써야 한다. 마치 우리가 물을 마시고 싶을 때 물잔을 이용하면 편리한 것과 같다. 그러나 불행하게도 사람들은 생각에 쓰임을 당하고 있다. 주객이 전도된 것이다.

요약하자면 생각은 욕심과 연계하여 문제를 일으키고, 인간의 감정과 육체를 이용하여 자기 중심적 태도를 취하면서 문제를 야기하고 있다. 이러한 문제를 해결하기 위해서는 제3자이며 생각의 뿌리인 자성을 밝혀 생각을 적절히 "이용하여야" 한다. 그렇게 하기 위해서는, 즉 생각의 문제를 파악하고 자성의 힘을 드러내기 위해서는 무조건 "깨어있어야" 한다. 깨어있지 않는데 누가 밥을 먹여주겠는가?

인연, 연기법

아!! 정말 삼라만상은 인연으로 일어나고 스러지는구나!

세상은 어떻게 돌아가는가? 인생은 무엇인가? 우주만물의 운행은 어떻게 이루어지는가? 삶과 죽음은 무엇인가? 내가 왜 이 생각 저 생각을 하는가? 지금 나는 왜 이렇게 행동하는가?

세상만사가 인연으로 돌아간다. 연기緣起[모든 것이 조건에 의해 생기고 소멸됨]로 돌아간다. 눈에 보이는 것, 눈에 보이지 않는 것, 이 모든 것이 연기법으로 돌아간다. 시공時空은 그저 연기의 모습일 뿐이다.

연기법에서 벗어날 수 있을까? 없다. 연기법은 시공을 꿰뚫는 진리이다. 그렇다면 어떻게 인연법 속에서 고통을 벗어날 것인가? 인연법과 함께 굴러가는 것이 깨침이다. 인연법과 함께하되 거기에 얽매이지 않는 것이 깨침이다. 인연을 굴리며 거기에 물들지 않는 것이 깨침이다. 이것이 대자유이다. 이것이 해탈이며 열반이다.

거기가 거기고 여기가 여기다.
그게 그거고 이게 이거다.

지금 당장, 깨어있음, 깨침, 알아차림, 바라봄 등은 바로 연기를 그대로 받아들임을 일컫는다.

삼법인三法印의 하나인 "제법무아諸法無我"에서 '법'이란 연기법을 가리킨다고 볼 수 있다. 즉, 제법무아란 모든 연기 현상에서 '나'는 개재되지 않는다는 뜻이다. 즉, 참나, 참마음과 연기현상은 관계가 없다. 연기현상은 연기현상일 뿐, 참마음은 아니다.

인연법에 의해 굴러가는 세상, 그저 구경해 보자. 구경하되 구경하는 줄 알고 구경하자. 100% 철저히 구경하려면, 즉 굴러가는 세상에 전혀 휩쓸리지 않으려면 깨어 있어야 할 것이다. 구경하는 '나'를 철저히 의식하고 있어야 한다.

구경하다가 필요하면 숟가락을 얹어놓을 줄도 알아야 한다. 물론 숟가락 얹는 행위도 자유스러워야겠다. 즉 '나'를 놓치지 않은 행위, 즉 '없는 함' 혹은 '함이 없음'이어야 한다.

내가 부처?

우리가 늘 듣고 배우는 것이 바로 "내가 부처"라는 말이다. 아마 귀가 따갑게 들었을 터이다. 그러나 이렇게 알고 있더라도 믿는 것은 다른 문제이다. 부처님 말씀을 따르는 사람들 중에서도 과연 몇 프로나 이 말을 마음속 깊이 믿고 있는지는 실로 의심스러울 따름이다. 왜냐하면 이 말을 믿는다면, 믿는 대로 생각하거나 행동

할 수밖에 없을 텐데, 주위를 돌아보면 그렇게 생각하고 행동하는 사람들이 많아 보이지 않기 때문이다.

　콩 심은 데 콩 나고 팥 심은 데 팥 난다. 즉 콩 아닌 것이 자라서 콩이 될 리가 없고 팥 아닌 것이 자라서 팥이 될 리가 없다. 마찬가지로 부처만이 부처가 될 수 있다. 부처 아닌 '것'이 부처가 될 수 없을 것은 자명한 이치이다. 그렇다면 여기에서 우리는 중대한 결단을 내려야 한다. 내가 부처냐 아니냐 하는 것이다. 일단 내가 부처가 아니라고 하자. 만일 부처가 아니라면, 아무리 애써도 부처가 될 수 없을 터이니 더 이상 부처되는 공부를 할 필요가 없다. 그러면 인간으로 태어나서 부처가 된 석가모니 부처님이나 수많은 아라한이나 조사들은 우리 같은 인간이 아니라 전혀 다른 무엇이란 말이다. 그뿐 아니라 최근에 깨쳤다고 알려진 스님들이나 거사분들도 모두 우리와는 근본적으로 다른 분들이라는 말이다. 과연 그럴까? 하여튼 우리가 부처가 아니라면 지금 이 순간부터 공부할 필요가 없다.

　내가 부처라고 하자. 만일 내가 부처라면 <small>(내가 부처가 아니라는 경우와 마찬가지로)</small> 부처 되는 공부를 할 필요가 없다. 이미 내가 부처인데 더 이상 공부한다고 그 이상이 될 것 같지는 않으니 말이다. 부처 되는 공부는 할 필요가 없다!! 그럼 우리는 공부한답시고 혼자서 혹은 여럿이 모여서 이것저것 하는데 무엇 하는 일인가?

　"내가 부처"라는 사실을 정말 믿는가? 가만 보니 우리와 똑같은 '사람'들이 깨달음을 얻어 참된 자유인으로 우뚝 서있게 되었다. 참으로 부럽기 그지없다. 마치 이웃이 돈을 많이 벌면 부럽고, 또 나도 그렇게 되었으면 좋겠다는 바람이 생긴다. 그리고 그 이웃이 갑부가 되었다는 사실을 믿고, 나도 언젠간 부자가 "될 수 있을 것"이란 믿음도 생긴다. "지금 이 순간 나는 부자"라는 믿음은 없다. 우리가 부처 공부하는 자세도 이와 같다. 아무리 잘 믿고 공부 열심히 해도, "내가 부처가 될 수 있을 것"이라는 믿음 정도이다. 얘기 들어보니 부처가 되면 그렇게 좋다는데, 나도 한번 부처가 되어봤으면 하는 바람, 또 부러운 마음으로 부처 공부를 하는 것은 아닐까? 믿음은 믿음인데, 미래 연기형이고 생각으로 하는 믿음은 아닐까?

"내가 부처"이니까 부처 공부를 하는 것이다. "부처가 되는 공부"를 하는 것은 아니다. 이미 나 스스로가 부처인데 왜 부처 되는 공부를 할 필요가 있는가. 돼지가 사람 되는 공부를 한다고 사람이 되겠는가. 마찬가지로 (내가 부처가 아니라면) 부처 아닌 내가 부처가 되려고 공부한다고 부처가 되겠는가. 그렇다고 부처가, 부처가 되려고 따로 공부를 할 필요가 있겠는가. 한번 부처는 영원한 부처이다. 한국에서 한국인 부모에게서 태어난 한국인은 국적을 포기하고 아프리카 오지에서 숨어 살아도 한국인이다. 마찬가지로 부처이기를 거부해도, 포기해도, 부처는 부처다. 그럼 무엇이 문제인가?

부처공부는 어렵다고 한다. 팔만대장경에다 각종 불교 관련 말씀들을 머리에 이고 있으면서 불교는 어렵다고 한다. 돌아서 가면 어렵다. 잘못 가면 어렵다. 어려울 뿐만 아니라 언제 다다를지 기약이 없다. 손에 보석을 쥐고, 그 보석을 찾아 나서면, 영영 찾을 수 없으니 얼마나 어렵겠는가. 어려운 정도가 아니라 불가능하다. 길 찾는다고 엉뚱한 바위에 끝없이 헤딩하는 것과 무엇이 다르겠는가. 손에 보석을 쥐고 있으면서도 다른 사람이 가진 보석이 부러워, 자신도 보석을 갖기 위해 백방으로 노력하는 것과 같다. 자기 손 안의 보석은 모른 채, 특히 다른 사람이 자신의 손 안에 보석이 있다고 일러주어도 믿지 않고, 계속 저쪽 어딘가에 있을 것 같은 남의 보석을 찾아 헤매는 것과 같다.

   그렇다면 부처공부란 무엇인가. 어떻게 하여야 할까. 이제 부처 되려고 하는 공부는 부처공부가 아니라고 알았을 것이다. 부처공부란 단 한마디로 "내가 부처"라는 진실에 입각하여 내 부처를 드러내는 것이다. 자신도 모르게 숨겨져 있는 내 부처를 드러내어 내 부처가 주인노릇을 하게 하는 것이다. 지금 우리가 소위 말하는 '나', 죽도록 외쳐대는 '나'를, 내 부처가 나타날 수 있게 옆으로 밀어내자는 것이다. 내 부처가 주인이 되면 자연스럽게 지금의 '나'는 손님이 되든지 비서가 되든지 하인이 되든지 할 것이고, 이런 손님, 비서, 하인은 필요에 의해 있는 것이므로 필요가 없으면 사라질 것이다. 즉, 이제까지 '나'라고 주장하던 나는 내 부처가 부리는 쓸모 있는 하인이 될 것이다.

   부처공부는 내 부처를 드러내는 공부이다. 즉 "내가, 내가 되려는" 노력이다. 당연한 말이다. 내가, 내가 되겠다는 것은 아주 당연한 일이다. 그리고 우리가 이 어귀를 머리로나 마음으로나 이해하는 데 큰 어려움이 없을 듯하다. --- "내가 내가 된다" --- 가만히 되되어 보자. 정말 이대로 되어 보자. 이때, 과거 기억이 개입하는지, 미래 할일이 개입하는지 살펴보자. 또 언어나 생각이 개입하는지 살펴보자. 내가 내가 되는 일은 지금 이 순간의 일일 수밖에 없다. 다른 무엇이 개입할 수 없다는 것을 알 수 있다. 과거도, 미래도, 언어도, 생각도, 그 무엇도 그 순간을 유린할 수 없다.

내가 내가 된다는 것은 (말로 표현이 불가능하지만, 말이란 손가락을 빌어 가리켜 보면) 나의 순수한 의식 하나만이 존재하게 되는 것이다. 이 순수한 의식이 곧 우주이며, 이 순수한 의식이 존재 그 자체이다. 그밖에는 없다. 오직 그것뿐이다. 그러니 거기에 너와 내가 있을 수 없고 앎과 모름이 있을 수 없다.(이 순수한 의식은 다른 표현을 빌면, 청정본심, 부처마음, 참마음, 성품, 깨어있음, 알아차림 등으로 불린다.)

우리의 부처공부는 부처가 되려고 하는 공부가 아니고, "내 부처가 내가 되기 위한 공부"라는 것을 알았다. 그러므로 어딘가에 있을 내 부처와 내가 동일인이라는 것을 인지하기 위해서는, "내 부처가 드러나게 해야" 한다. 이제 우리에게 남겨진 숙제는 "어떻게" 드러낼 수 있을까 하는 것이다. 숙제의 문제를 이해한 것만으로도 부처공부가 제대로 시작되었다고 할 수 있다. 시작이 반이다.

떠나보내자

우리가 살아가며 아깝다는 생각에 많이 부딪히게 된다. 아끼는 물건도, 아끼는 사람도, 아끼는 일도, 아끼는 동식물도, 수없이 많다. 즉 많은 것들을 아끼며 산다. 아끼는 것을 잃거나 떠나보내게 되면 대개는 아깝다고 생각한다. 애착심이 저절로 솟구쳐 오른다. 평생 쓰던 손가방이 다 해어져서 거의 못쓸 지경이 되어도 그 놈의 애착심 때문에, 아깝다는 생각에 버리지 못하고 고이 모셔두기 일쑤이다. 그러니 귀중한 재물이나 사랑하는 사람은 어떠하랴.

그 중에서 가장 버리지 못하는 것은 사실 눈에 보이지 않는 것이다. 우리 마음속에 담아둔 것들이다. 예를 들면, 습관이나 고정관념이 있다. 늙어 가면 갈수록 더욱 집착하는 것이 바로 오랫동안 가지고 있던 습관이며 고정관념이다. 버리기가 아까운 것이다. 아니, 버릴 생각조차 하지 않는다. 버리려는 생각을 가지고 망설이거나 다른 정당성을 찾아내어 그 생각을 철회하는 것은 그래도 낫다. 왜냐하면 '버린다'는 생각을 했으니까. 아예 버린다는 생각을 못한다는 것은 자신과 대상을 동일시하여 주객이 전도된 상태이다.

그러나 가만히 생각해 보면, 내가 알고 있고 내가 만든 것은 모두 나를 떠나게 되어 있다는 것은 누구나 아는 진리이다. 회자정리會者定離[만난 사람은 반드시 헤어짐], 이 말은 사람 사이, 사람과 사물 사이, 사물과 사물 사이 등 어느 것에나 적용된다. 그래서 웬만큼 이성을 지닌 사람이라면 나를 떠난 것이 아무리 아까워도 언젠가는 놓아버리고 집착의 고통으로부터 벗어나려고 노력한다.

이제 우리의 '생각'을 고려해보자. 우리는 지금까지의 공부를 통하여, 생각 즉 망념이 참나를 가려서 참나가 드러나지 못한다는 것을 안다. 망념에서 가장 지독한 것이 집착하는 마음이다. 망념과 집착심은 동의어라고 해도 무방할 것이다. 집착하는 마음이란 집착하는 생각이며, 이러한 생각을 내려놓는 것을 "방하착放下着", "내맡김surrender"이라고 한다. 그래서 생각을 내려놓을 수 있기 위하여 이제까지 수많은 접근방법을 시도해 왔다. 여기에서 다른 또 한 가지 방법을 제시해 보고자 한다.

내 손을 떠난 것은 더 이상 내 것이 아니다. 우리 마음의 입장에서 보면, 마음이 작용하여 온갖 것을 다 만들지만 일단 완성되면 그것은 내 손을 떠나는 것이다. 작용이라는 과정과 그 작용의 대상은 엄연히 다르다. 또 작용의 주체와 작용의 대상은 엄연히 다르다. 그렇다면, 예를 들어, 밥을 짓는다고 하면 밥을 짓는 사람이 마음을 냄으로써 몸을 움직여서[작용] 밥[대상]을 만드니, 작용의 주체는 마음이다. 따라서 마음과 밥은 서로 다르고, 밥은 이미 (밥을 짓겠다는) 마음을 떠난 것이다. 누구나 와서 먹을 수 있고, 시간이 지나면 변질될 수도 있어 나의 의지와는 관계가 없어질 것이다.

이러한 상황을 생각에 적용해 보자. 이제는 생각이 작용의 대상이라고 간주한다. 왜냐하면 우리가 생각을 하면, 생각이 어디선지는 모르지만 만들어져서 떠오르게 되기 때문이다. 생각이 만들어지지 않는다면 우리의 뇌 속 어딘가에 태어날 때 그 생각이 각인이 되어 있었다는 말인데, 이 주장에 대한 반론은 쉽게 찾을 수 있을 것이다. 즉 작용의 대상으로서 만들어지는 것이 생각이다. 그 작용이 정확하게 어떻게 되는지, 또 작용의 주체가 구체적으로 누군지 또는 무엇인지는 여기에서는 논외論外이다. 중요한 것은 생각은 어떤 주체가 작용을 하여 만들어진 대상 즉 결과물이라는 것이다. 이 결과물로서의 생각은 작용주체를 떠난 것이다. 그러므로 떠나버린 생각을 붙들고 아까워할 필요도, 매달릴 필요도 없다.

그러나 앞에서 말한 바와 같이 우리는 우리가 그동안 쌓아왔던 생각의 집합체인 습관과 습성과 고정관념에 붙들려 있다. 이 집합체는 이미 우리를 떠난 것이다. 떠난 것을 붙들고 놓지 못하는 것이 안타까운 현실이다. 속된 말로 "죽은 자식 불알 만지기"를 우리는 늘 반복하고 있는 것이다. 그래서 부처님이 맨 먼저 "고집멸도苦集滅道" 사성제를 설하셨는지 모른다. 즉 집集[탐욕, 성냄, 어리석음, 등과 이에 대한 집착]은 고苦[생노병사와 같은 괴로움]를 만드니, 도道[올바른 수행방법]를 실천하여 고를 멸滅[열반/해탈의 성취]하라는 말씀이다. 끌어 모은다는 것은 집착을 부른다. 이 집착은 근거가 없다. 왜냐하면 참나 이외에는 모두 만들어진 것인데, 즉 떠나버린 것인데 그런지도 모르고 헛것을 계속 잡고 있으니까 말이다.

그런데 과연 누가 그러한 생각을 잡고 있을까? 과연 생각을 만들어낸 작용의 주체가 잡고 있을까? 김소월 시인의 시 〈진달래꽃〉

에서처럼 "나 보기가 역겨워 / 가실 때에는 / 말없이 고이 보내 드리우리다." 여기에서 '나'는 누구인가? 정말 고이 보내 드려야 하는데 말이다….

발심과 수행

구도의 길
발심합시다!
수행합시다!
꿈같은 세상
돈교頓教, 돈오頓悟, 점교漸教, 점수漸修

구도의 길

구도求道의 길은 왜 멀기만 한가? 구도의 길은 왜 험난하기만 한가? 아무리 노력해도 왜 점점 더 어려워지기만 할까? 나름대로 노력하고 있다고 생각하는데 구도의 길은 안개 속에 덮여 보이질 않는다. 왜 그럴까?

우선 쉬운 예를 들어보자. 우리는 물을 잘 알고 또 잘 쓰고 있다. 나름 물의 실체를 알고 있다고 생각한다. 그래서 물의 예를 들어 구도의 길의 상황을 이해해 보기로 한다. 우리는 물을 늘 접하고 이용하고 있기 때문에 물의 실체에 대해서는 의문이 있을 수 없다. 그리고 생각작용이나 타인과의 의사소통을 위해 '물'이란 이름을 붙였다. '물'이란 단어는 실제 물을 이용하기 위한 수단 중의 하나이다. 다른 나라 사람들은 다른 이름을 붙여 이용하고 있다. 하여튼 누가 '물'이라고 하면 즉시 실제의 물을 떠올리게 된다. 아무 문제가 없다.

반대로 물을 본 적도 실제 써 본 적도 없는 사람이 있다고 하자. 그는 '물'이란 단어와 물의 성질, 용도 등은 배워서 알고 있다고 하자. 이 사람이 물이란 명칭으로부터 물의 실체를 알 수 있는 방법이 있을까? 이 예에서는 어떤 실체가 주어졌을 때, 생각에 의해 이름을 붙이는 과정과 대응하여, 이름으로부터 실체를 안다는 것은 가역可逆적이지 않다는 것을 알 수 있다. 그러니 우리가 부처자리를 아는 사람이 붙여놓은 '부처자리'란 이름을 아무리 뜯어보고 파헤쳐보고 생각해봐도 그 실체를 알 수 없을 것이다. 그러므로 우리가 생각에 의해 주어지는 명칭이나 언어를 붙들고 아무리 노력해 보았자 참나, 참마음을 '안다'는 것은 불가능하다는 것은 당연하다.

우리가 불성佛性을 가지고 있다는 것은 이제 누구나 알고 있을 것이다. 단지 우리는 부처자리(참나)를 늘 쓰고 있으면서도, 이것을 늘 (최소한 간접적으로라도) 경험하고 있으면서도 생각에 가려 알지 못하고 있을 뿐이다. 그렇다면 어떻게 이를 극복할 것인가? 방법은 딱 한 가지이다. '나'의 실체를 바르게 경험하여야 한다. 즉 부처자리나 참마음을 바르게 경험하여야 한다. 이러한 경험을 위해 꼭 해야 할 일이 있다. 그것은 바로 발심發心과 수행修行이다. 발심이란 참마음을 경험하고 말겠다는 결심이다. 수행이란 그러한 결심을 실행에 옮겨 깨달음의 경지에 다다르려고 노력하는 것이다. 발심을 하기 위한 훌륭한 방법 중의 하나는 옛사람의 말씀처럼 믿는 마음, 분한 마음, 절실한 마음일 것이다. 또 수행을 하기 위한 가장 좋은 방법은 부처님께서 초기에 말씀하신 팔정도이다. 사람으로 태어난 이상 이러한 발심과 수행을 실행에 옮겨 정진하는 것만이 태어난 은혜에 보답하는 길이다. 그래서 이제 어떻게 구체적으로 발심과 수행을 실천할 것인가 고민해 보도록 한다.

옛 말씀에 의하면, "도道가 우리를 멀리하는 것이 아니라, 우리 스스로 도를 멀리할 뿐이다. 또 도란 멀리 있는 것이 아니라, 우리 가까이 있는 것이다."라고 했다. 그러므로 늘 함께 있는 참마음과 이를 밝히는 수행을 게을리하지 않아야 한다. 이제 옛사람들의 가르침을 마음에 깊이 되새겨, 열심히 정진합시다.

발심합시다!

난녀노소를 불문하고 죽음에 대해 모두 심각하게 생각해 본 적이 있을 것이다. 많은 사람들이 처음에는 죽음에 대한 두려움과 불안감에 잠도 안 올 지경이지만, 시간이 지나면서 남의 일처럼 보이기도 하고, 자기에게는 절대 오지 않을 불상사로 여겨지기도 하고, 종교에 귀의하여 절대자의 힘을 빌리기도 하면서 죽음에 대해 적응하고 있을 것이다. 혹은 더 좋은 대처방안으로, 어떤 사람은 아예 죽음이라는 필연 앞에 무릎을 꿇고 모든 생각(저항심, 두려움 등)을 내려놓을 수도 있을 것이다.

불교에서 발심發心이라 함은 죽음을 떠나서는 생각할 수 없다. 석가모니 부처님도 생로병사에 시달리는 인간의 운명을 절감하시고 발심하셨다는 사실은 유명하다. 그렇듯 생로병사의 완결판인 죽음 앞에서 인간은 다시 한번 자신과 자신이 처한 상황을 뒤돌아보고 새로운 마음을 낼 수 있는 계기를 만든다. 그래서 죽음 앞에 있다는 것을 체감한다는 것은 발심을 위한 호재好材라고 할 수 있다. 죽음에 대해 진지하게 부딪치면 칠수록, 우리는 발심할 수 있는 좋은 기회를 잡을 수 있을 것이다. 이러한 좋은 기회를 한번 놓치면 더 이상 오지 않을 수 있고, 내생來生은 어디서 무엇을 할지 모르니 기약할 수 없고, 하여 후회해 보았자 소용없게 될 것이다. 그러므로 발심이란 우리가 할 수 있고, 또 해야만 하는 절체절명의 과제인 것이다.

불교의 발심은 결국 죽음을 뛰어넘어, 다시는 (이런 식으로는) 죽음을 맞이하지 않도록 수행·정진하겠다는 다짐이다. 수행의 열매는 물론 윤회에서 벗어나 자유인이 되는 해탈이다. 그러므로 발심 없이 수행도 없고, 수행 없이 해탈도 없다. 최종 목표는 자유를 누리는 것이다. 자유란 걸림이 없음을 말하고, 걸림이 없다는 것은 참나의 자리를 언제 어디서나 잊지 않는다는 것이다. 그래서 발심은 절실하여 그 "힘"으로 수행도 하고 참나의 자리도 지켜야 한다. 발심은 발원發願이다. 원願은 절실하면 절실할수록 큰 열매를 맺을 수 있는 힘과 영양을 낼 수 있다.

절실한 발심은 일념으로 해야 한다. 일념으로 행하는 것은 자기 자신을 내려놓고 오직 한 가지만을 지켜보는 것이다. 자기의 생각이 앞을 가리지 않고 모든 것을 놓아버린 상태에서 절실한 발심이 가능하다. 그러므로 정성이 지극한 발심은 이미 정진을 시작한 것과 다름없다. 또 발심이 절실하면 절실할수록 정확한 방향을 찾고 또 유지하는 힘을 얻을 수 있다. 비행기가 이륙할 때 엄청난 추진력을 필요로 하듯, 또 그 추진력으로 목표를 향해 하늘을 날 듯, 발심의 추진력으로 수행이 시작되고, 또 그 추진력으로 수행이 올바른 방향으로 나아갈 수 있는 것이다.

이제 앞으로 할 수 있는 중에서 가장 보람 있는 일은 발심이다. 늦었다고 생각할 때가 최상의 기회이다. 절대 미루지 말고 지금 이 자리에서 죽음의 고삐를 쥘 수 있도록 발심합시다.

수행합시다!

생각으로 아는 앎을 심오한 앎으로 바꾸는 것이 바로 수행이다. 심오한 앎이란 생각이 끊어진 자리에서 드러나는 앎이다. 이러한 앎이란 올바른 알아차림이라고 할 수 있다. 다시 말하면 알음알이로부터 지혜로 옮겨가도록 노력하는 것이 수행이다. 명칭으로부터 실체를 직접 아는 것이 불가능하듯이 생각의 앎으로부터 지혜의 앎으로, 생각에 의해 직접 가는 것은 불가능하다. 그러므로 수행자들은 다양한 수행방법을 통하여 이러한 변환을 효과적으로 실천하여, 올바른 알아차림을 성취하기 위하여 노력한다.

수많은 수행방법 중에 우리가 자주 접하는 것으로 염불선, 간화선, 묵조선, 위빠싸나 등이 있다. 생각 앎으로부터 지혜 앎으로의 변환의 관점에서 본다면, 염불선에서는 염불을 처음엔 생각으로, 말로 하다가 보면 일념으로 하게 되고 일념이 깊어져 부처자리를 경험한다고 할 수 있다. 마찬가지로 간화선에서는 대혜 종고 스님에 의하면 처음에는 생각으로 화두를 들었다가[거擧] 그 화두 드는 마음을 알아차리고[각覺] 화두를 알아차림의 눈으로 바라보는[간看] 것이다.

우리나라의 가장 큰 종단인 조계종에서는 간화선을 수행방법으로 삼고 있다. 사실 간화선을 통하여 과거 많은 스님들이 깨달음을 얻었으니 간화선의 효용성에 대해서는 의심할 여지가 없다. 그런데 간화선에서 화두를 들고 있다가, 우리의 참마음을 알아차리는 과정은 지난至難한 변환과정이다. 특히 화두를 생각으로 들고 있으면서, 생각마음으로 알아차림에 든다는 것은 불가능하다.(참고로 우리가 통상 말하는 '의심'도 생각마음에 지나지 않는다.) 과거의 수행환경은 깨친 이가 가까이 있고 생활패턴이 단순하고 마음이 순수하고 등 간화선 수행에 현재보다는 더 적합했다고 사료된다. 그래서 "거擧 후 각覺"의 변환과정이 좀 더 가능했다고 본다. 그러나 현대를 사는 우리들에게 주어진 간화선 수행환경은 과거의 수행환경과 많이 다르다고 볼 수 있다. 따라서 현재 환경에 맞는 수행방법을 찾아 나서지 않으면 안 된다. 특히 재가在家 불자의 경우에는 더욱 그렇다.

한 가지 수행방법을 예로 들면 다음과 같다. 결국 올바른 알아차림을 목표로 한다면 알아차림 자체를 공략 대상으로 삼을 수 있다. 알아차림을 위해 지금 보고 있고, 움직이고 있고, 듣고 있는, 그 주체가 무엇인가, 어디에 있는가, 왜 있는가 등을 궁구하여야 한다. '궁구'한다는 것은 언어를 떠났고 생각을 떠났고 일념으로 대상에 집중하는 것을 뜻한다. 이때 집중의 대상은 무엇인가? 없다. 있다면 가짜다. 눈에 보이면 가짜다. 귀에 들리면 가짜다. 없는 대상을 일념으로 돌이켜야 한다. 돌이켜 돌아가는 곳이 어디인가? 없다. 있다면 가짜다. 그래도 돌이킨다. 없는 자리를 '부여잡고' 다시 돌이킨다. 일념으로.

모든 사물에는 그 배경이 있다. 앞에 보이는 건물의 배경은 대기大氣이다. 인물 사진에도 주인공이 있고 배경이 있다. 이렇듯 모든 것에는 그 배경이 있어, 그 자신이 존재한다. 마찬가지로 우리의 생각에도, 마음에도 배경이 있다. 내가 누구를 좋아한다면, 그 좋아하는 마음에도 배경이 있어야 한다. 그렇지 않으면 좋아하는 마음이 존재할 수 없다. 항시 원숭이 같이 바삐 움직이는 생각에도 마찬가지로 배경이 있어야 한다. 배경이 없다면 존재할 수도, 꼼짝할 수도 없을 것이다. 그렇다면 이 배경에 대해 잊지 않도록 하자. 어떤 사물에 부닥치더라도, 어떤 생각을 하더라도, 그 배경의 존재를 의식하자. 그렇게 되면 새로운 세계와 만나게 되는 것이다. 이것이 바로 알아차림의 작용이며 알아차림 그 자체이다.

수행할 수 있다는 것은, 인간으로 태어나 배우고, 생각하고, 지식을 쌓는, 등의 능력이 내리는 축복이다. 인간으로 태어난 복이다. 복을 제 발로 걷어차지 말자. 복은 싫다는 사람에게 절대 다가가지 않는다.

꿈같은 세상

우리의 하루 일과를 돌이켜 보자. 아침에 일어나서부터 잘 때까지 먹고 싸고 말하고 움직이고 생각하고 멍해있고 웃고 울고 화내고 슬퍼하고 즐거워하고 등등 이렇게 하루를 보낸다. 하루하루가

쌓여 한 해가 되고, 한 해 한 해가 가면 어느덧 세상을 달리 할 시간이 된다. 이런 하루하루는 우리가 경험한 시간들이다. 자면서 꾸는 꿈과는 다른 경험이다. 실제 몸으로 겪고 오감으로 느낀 경험이다. 그렇게 "경험"했다고는 하지만 지금 와서 보면 잠자며 꾼 꿈과는 어떤 차이가 있을까?

결론부터 말하자면, 본질적으로 잠 속의 꿈과 현실세계의 과거 경험과는 차이가 없다. 잠잘 때의 꿈은 실제 모습도 없고 현실성도 없어 그저 헛된 현상일 뿐이다. 무의식의 표출이라고도 하고, 가끔 예지적인 꿈도 있다고는 하나 기본적으로 꿈은 꿈일 뿐이다. 특히 꿈을 꾸는 동안 우리의 의지로 꿈을 어찌 할 수 없는 것이 특징이다. 그럼 지나가버린 과거의 경험은 어떠한가? 이것 또한 우리가 잡을 수도 없고, 지금의 시점에서는 현실성도 없고, 지나가버린 현상일 뿐이다. 또 그것을 우리 의지로 어찌할 수도 없다. 물론 인과법칙에 의해 과거의 일이 원인이 되어 그 결과가 현재 나타날 수는 있다. 그렇다고 과거에 현실성을 부여할 수는 없다. 그러므로 결과적으로 자기 자신의 관점에서 볼 때 꿈의 세계나 현실세계나 별로 차이가 없다. 또 과거의 모든 것이 꿈에 불과한 현상으로서 나와 직간접으로 관련이 있거나 없거나 간에 단지 인연 따라 일어났을 뿐이고 지금 내가 어떻게 할 수 있는 여지가 없다. 이 사실을 좀 더 파고들면 제법무아諸法無我, 즉 "모든 (연기법에 의한) 현상에 '나'가 없다"라는 말씀이 어렵지 않게 이해될 것이다.

꿈속에서와 같이, 모든 현상이 나 없이 일어난다. 이렇듯 우리가 살아온 과거나 살아갈 미래의 세상은 꿈과 같다. 이런 사실은 이미 잘 알려져 있을 뿐만 아니라 우리들 자신도 너무나 잘 인지하고 있다. 그러나 이 사실을 백 프로 받아들여 실제 행으로 실증해 보이는 사람은 지극히 드물다. 즉, 꿈과 같다고 받아들인다면 목전의 현상에 매달릴 일이 없을 것이다. 잘 알다시피 괴로움이란 집착에서 생겨난다. 집착에서 벗어나면 그만 해탈에 이르게 된다. 따라서 현실세계를 꿈과 같이 고정된 실체가 없이 연기緣起에 따라 흘러가는 것으로 관찰한다면 해탈의 목표에 다다를 수 있을 것이다. 이러한 관찰이 곧 수행이다.

눈에 보이는 모든 것이 꿈이라고 마음속 깊이깊이 새겨 모든 생각이 이 새김을 바탕으로 일어나게 만들어야 비로소 꿈은 꿈에 불과하게 될 것이다. 이렇게 꿈을 꿈으로 받아들이는 것이 바로 수행이다. 이 수행 방법의 요체는, 오온五蘊(육체, 감각, 인지, 생각, 의식)이란 꿈과 같은 것이니 이에 대한 집착을 내려놓는 것이다. 집착은 어떤 사물에 마음을 빼앗겨 그것에 매여 버린 상태, 즉 "들어앉은" 상태를 의미한다. 이러한 집착에서 벗어나기 위해서 관찰의 방법, 즉 사물에 들어앉지 않고 그냥 바라보는 방법을 사용할 수 있다. 이것이 바로 관법觀法으로 위빠싸나 수행법이라고도 부른다.

집착과 관찰의 예를 들어보자. 길을 가다가 멋있는 자동차를 보았다고 하자. 그 자동차를 보고 탐심貪心을 내어 "저 차를 꼭 갖고 싶다. 어떻게 살 수 있는지 알아보자."라고 한다면 이미 그 차에 대해 집착하기 시작한 것이다. 그리고 그 자동차를 사서 타고 다니면서 정말 "들어앉아" 버리면, 애착을 끊지 못하고 고통이 씨앗이 되어 버린다. 차에 조금만 흠집이 나도, 마치 자기 살갗이 벗겨진 것처럼 마음 아파하게 되고, 누가 건드리거나 훔쳐 갈까봐 늘 노심초사하게 된다. 이것이 집착이다. 집착은 (통제되지 못하면) 더 큰 집착을 낳게 되고, 결국에 가서는 파멸로 이끌 것이다. 그렇지 않고, 그 자동차를 관찰의 입장에서 바라본다면, "야~ 저 차 멋있다. 주위가 환해지는데!" 하고는 돌아서 갈 길을 갈 것이다. 그 차가 더 이상 뇌리에 남아 어떤 (바람직하지 않은) 작용을 할 수 없을 것이다. 즉 다가올지도 모를 고통을 원천봉쇄한 셈이다. 집착하지 않는다고 무無나 공空에 빠지는 것이 아니다. 무나 공에 빠지는 것은 또 다른 형태의 집착이 될 것이다. 여여如如하게 바라보는 것, 즉 깨어 있으면 그만이다.

눈앞의 현실을 꿈과 같다고 받아들여, 그것에 집착하지 않음으로써 수행의 한 방편으로 삼을 수 있다. 집착을 내려놓고, 즉 들어앉지 말고, 깨어 있읍시다. 멀리 코앞에 구름 한 조각….

돈교頓教, 돈오頓悟, 점교漸教, 점수漸修

돈오돈수, 돈오점수… 말도 많은 주제이다.

부처님 말씀대로 언어에 얽매여서는 안 되는데, 그만 말 좋아

하는 사람들 덕분에 쓸데없는 논쟁을 불러일으켜 온 주제이다. 올바른 수행을 하는 데 있어 이 문제를 짚고 넘어가는 것이 좋을 듯하여, 좀 무거운 주제인 줄 알지만 마지막 논의의 주제로 삼고 자 한다.

돈교頓敎, 돈교문頓敎門, 돈교법문頓敎法門이란 육조 혜능 스님이 말씀하셨던 바이다. 특히 신수 대사의 점교漸敎 내지는 점수漸修에 대해서는 부정적이셨다. 그런데 혜능 스님의 법法제자 격인 지눌 보조국사께서는 돈오점수를 주장하신다. 또 다른 분들은 돈오돈수를 주장하고 있다. 그렇다면 이러한 주장이나 주제에 어떤 오해나 문제가 있는 것일까? 참으로 답답한 노릇이다.

우선 수행에 대해 살펴보자. 일반적으로 도道 혹은 참나를 찾아가는 과정을 수행이라 할 수 있다. 즉, 참선을 한다든가 계戒를 지킨다든가 염불을 한다든가 불교 교리를 공부하고 실천한다든가 하는 것이 우리가 보통 알고 있는 수행이란 것이다. 이러한 수행을 "일반수행"이라 부르기로 하자. 또 다른 수행으로는 부처자리를 직접 공략하는 것이다. 부처자리 혹은 참나로 '돌이키면서' 견성見性의 끈을 순간이라도 놓지 않으려 노력하는 것이다. 여기에서 문제는 부처자리를 경험으로 알아야 한다는 것이다. 즉 일단 견성을 하여 참나의 존재를 경험하여야 이 수행방법이 성립하는 것이다. 이렇게 부처자리로 돌이키는 수행을 "최상승 수행"이라고 부르기로 하자.

우리가 산 정상을 오른다고 하면 그 산의 정상이 어디에 있는지 알아야 한다. 목적지가 어디에 있는지도 모르고 무턱대고 간다면, 즉 방향도 모르면서 목적지를 향해 간다고 하면, 어디로 가게 될까. 잘못하면 반대방향으로 갈 수도 있고 재수가 좋아 비슷한 방향으로 간다고 해도 계속 가다 보면 결국은 엉뚱한 곳으로 갈 수밖에 없다. 물론 정상으로의 산길이 단 하나 뚜렷하게 나있다고 하면 그 길만 따라가면 된다. 그러나 현실은 그렇지 못하다. 그러니 아니 감만 못할 수도 있다. 이것이 일반수행을 행할 때 겪게 되는 현상일 것이다. 그렇다면 어떻게 그 방향을 알 수 있을까? 산 정상이 어디에 있는지 보든가 경험하든가 하여야 한다. 그것이 바로 깨침이며 견성이다.

그러므로 진짜 수행, 즉 최상승 수행은 깨친 후에 가능한 것이다. 깨치기 전의 일반수행은 어찌 보면 시행착오의 연속일 수 있다. 운이 좋아 좋은 스승을 만나고 좋은 법문을 듣고 하여 목적지를 향한 길을 따라 갈 수 있다면 좋겠지만, 그러한 행운이 그렇게 쉽게 오지는 않는다. 어떻게 되었든 눈먼 이가 문고리를 잡는 행운을 얻어 견성을 한다면 그때부터 비로소 수행이 시작되는 것이다.

다시 본론으로 돌아가면, 혜능 스님이나 지눌 스님이 말씀하시는 돈수, 점수의 수修는 일반수행과 최상승 수행의 차이점을 염두에 두고 하신 말씀이다. 부처자리를 경험한 상태에서 부처자리를 부여잡을 수 있는 능력을 가진 경우를 고려하여 하신 말씀이다. 혜능 스님의 말씀에 의하면 점수(일반수행으로 닦음)는 있을 수 없다. 왜냐하면 일반수행으로 얻을 수 있는 것은 분명히 한계가 있기 때문이다. 목적지에 도착할 수 없는 방법이다. 그러니 아무리 점차적으로 수행을 한다 한들 어디로 갈 줄 어떻게 알겠는가? 그래서 점수를 통하여 견성에 이르는 길은 없다는 말씀이다. 물론 여기에서 '수修'는 일반수행의 뜻이다. 한편 육조단경의 '돈오돈수'에서 돈수란 순간순간 최상승 수행을 하면서 참나를 익히는 일이다. 어떤 이유로든지 견성 상태가 깨지면 다시 돈수하여야 한다. 즉 경계를 만날 때마다 부처자리로 돌이키는 수행을 반복하는 것이다.

참고로 육조단경에 "(의역하면) '자성에 의해' 순간순간 반야(지혜)의 눈으로 바라보고, 늘 고정관념에 매이지 않는다. …(중략)… 자성에 스스로 눈을 떠서 즉 자성으로 돌이켜서, 단박에 깨치고 단박에 자성을 익히니 또한 점차로 행할 것이 없다念念般若觀照 常離法相 … 自性自悟 頓悟頓修 亦無漸次"라는 말씀이 있다. 돈오하고 돈수하라는 말씀이다. 따라서 혜능 스님의 뜻은 돈오와 돈수는 하나의 이벤트라는 것이다. 사실 육조단경에 '돈수頓修'란 말은 있어도 '점수漸修'란 말은 없다. 단지 점수로 해석될 만한 부분은 "만약 수행을 통하여 부처가 되고자 한다면 若欲修行覓作佛" 안 된다는 구절이다. 돈오돈수는 일회성의 일이 아니다. 자성의 눈으로 바라보지 않을 때는 언제나 자성으로 돌이켜 돈오돈수하라는 말씀이다. 물론 여기에는 '점차'라는 말이 끼어들 수가 없다. 왜냐하면 돈오돈수는 그 자체로 완전한 행위 혹은 목적 그 자체이지, 어떤 미래의 목적을 향하여 이용하는 수단 혹은 불완전한 행위가 아니기 때문이다.

한편 지눌 스님도 돈오점수에서 최상승 수행을 말씀하신다고 생각된다. 그러니 점수 후 돈오는 없다. 돈오 후 점수, 즉 돈오점수이다. 일단 돈오를 하고 그 후 최상승 수행을 점차 계속 행하여, 견성의 상태를 지속하도록 노력하는 것이다. 여기에서 '점차'란 점점 정도程度-degree를 더해 간다는 뜻이 아니라 지속적으로 (반복하여) 행하는 것을 뜻한다고 해석해야 할 것이다.

따라서 혜능 스님은 깨치기 전에 점차적으로 (일반)수행하는 방법은 바람직하지 않고, 자기 마음속의 참됨을 봄으로써 깨친 후에 항상 자성으로 돌이켜 최상승 수행을 하라는 말씀이고, 지눌 스님도 깨친 후에 거기에 안주하지 말고 지속적으로 (최상승)수행을 하여야 한다는 말씀이다. 두 분의 스님이 서로 다른 말씀을 하는 것이 전혀 아니다. 참고로 혜능 스님의 돈교법문頓敎法門의 요체는 우선 자기 밖에서 진리를 구하지 말고 자기 마음 안에서 불성을 보라는 견성見性이다. 물론 위에서 설명한 돈오돈수는 그 다음에 오는 요체이다.

이러한 최상승 수행은 백봉거사의 새말귀와 궤를 같이 한다. 즉, 경계를 만날 때마다 항상 부처자리를 알아차리는 새말귀와 최상승 수행은 같다고 볼 수 있다.

참선 공부 시작하기

참선 공부를 시작하며

우리는 길지 않은 인생의 여정에서 생로병사生老病死의 소용돌이에 몸을 맡기게 되었습니다. 어쩌다 태어났고, 몸이 편치 않아 고통도 받아 보았고, 모르는 사이에 그만 이 자리까지 왔습니다. 물론 우리가 사는 동안 즐겁고, 기쁘고, 보람 있는 시간도 수없이 겪어 왔습니다. 그러나 그 즐거움과 보람도 생로병사를 없애거나 상쇄할 수 없었습니다. 또한, 무엇이건 그대로 있는 적이 없이, 항상 변화하여, 예를 들면, 기쁘다가 슬프고 또 슬프다가 기뻐집니다. 만일 늙지도 않고 삶의 즐거움도 그대로 있다면 얼마나 좋을까요. 그러나 우리는 무엇이건 한시도 가만히 있을 수 없다는 것을 경험을 통하여 잘 알고 있습니다. 즉, 바뀌지 않고 늘 똑같은 것은 없다는 뜻인 무상無常을 체험하였습니다. 그럼 이 '무상'의 문제를 어떻게 해결해야 할까요? 이에 대한 해답을 찾아가는 것이 우리가 앞으로 할 공부입니다.

우리가 다루려고 하는 불교는 종교의 세계도, 철학의 세계도, 관념의 세계도 아닙니다. 불교는 우리의 일상생활이며 현실세계입니다. 왜냐하면 '나' 자신과 늘 함께하고 있으니까요. 우리가 밥 먹는 것도, 숨쉬는 것도, 기뻐하는 것도, 화내는 것도, 공부하는 것도 우리가 매순간 행하는 일거수일투족, 생각생각이 모두 '나'를 떠나지 않았습니다. 그럼 '나'는 무엇이며 누구인가요? 누구나 답을 알고 싶어 하지만, 매우 어려운 문제입니다. 부처님은 이에 대한 해답을 제시하셨습니다. (말로는 표현할 수 없겠지만) 굳이 언어에 의지한다면, '진짜나', '불성佛性', '부처마음', '부처자리', '청정본심淸淨本心', '참마음', '성품' 등입니다. 다시 말하면, 우리가 머리로 알고 있는 '나'는 진짜가 아니라 가짜라는 것입니다.

우리는 이제 참선 공부를 하려고 합니다. '참선參禪'이라 함은 글자 그대로 선禪, 즉 깨달음을 참구하는 것입니다. 여기서 깨달음이란 우리의 부처 마음자리를 깨닫는 것입니다. 이러한 깨달음을 얻는 방법으로 부처님께서는 팔만사천 법문을 설說하셨습니다. 사람에 따라, 상황에 따라 여러 가지의 접근방법을 설하신 것입니다. 다시 말하면 부처 마음자리라는 산봉우리에 오르기 위한 지도를 주신 것입니다. 우리는 이 지도를 열심히 공부하여 산봉우리에 오르는 길에 대한 정보를 얻습니다. 이 지도가 바로 불교 경전이라고 할 수 있습니다. 그러나 문제는 아무리 지도를 보며 길을 찾는다 해도 이것은 단지 도상圖上 훈련이라고 할 수 있습니다. 지도에서 주는 정보를 바탕으로 직접 산길을 올라 산봉우리에 도달하지 않으면 안 됩니다. 이렇게 직접 길을 따라 부처 마음자리인 산봉우리에 올라가는 여정이 바로 참선입니다.

 말씀 드린 바와 같이 우리가 살아가면서 한 순간도 불성을 떠난 적이 없습니다. 삶 그 자체가 불교공부를 하는 것입니다. 이왕 태어나서 살아가고 있는데, 이 사실을 알아서 좀 더 열심히 올바른 길을 따라간다면 훨씬 보람 있지 않을까요? 우리가 학교 다닐 때, 이왕 배우고 공부할 바에야 좀 더 열심히 하면 더 큰 보람을 누릴 수 있었던 것과 마찬가지겠지요. 참선이란 스님들이 절에서 가부좌하고 앉아서 할 수 있는 것만은 아닙니다. 오히려 일상생활 속에서 주위 사람들과 부딪치며 주위 환경과 교감하며 참선수행하는 것이 효과적일 수도 있습니다.

 참선은 부처자리라는 산봉우리를 찾아가는 여정입니다. 그런데 문제는 이 산봉우리가 있는지 없는지조차 알기가 힘들고, 안다고 해도 어디에 있고, 어떻게 찾아가야 하는지 막막하다는 것입니다. 그래서 참선으로 삶의 의미를 찾아가기 위해서, 우선 '부처자리 봉우리'에 대한 필요한 정보를 학습하여 그 존재를 체득體得할 필요가 있습니다. 즉, 부처님의 말씀에 의지하여 부처자리의 정체에 대하여 공부하여 참선에 대한 마음가짐을 갖추는 것입니다. 옛 말씀에, 뒤주 속의 쌀을 얻기 위해, 어린 쥐는 뒤주를 긁다가 나무 판이 두꺼워 금방 쌀이 나오지 않으면 포기해 버리지만, 늙은 쥐는 뒤주 속에 쌀이 있다는 것을 믿고 있으므로 포기하지 않고 긁고 또 긁어 마침내 쌀을 얻는다고 합니다. 이렇게 알아서 믿어 가져야 비로소 목표를 향해 끊임없이 정진할 수 있습니다.

이제 우리 모두 진짜나인 부처자리를 함께 찾아가 봅시다. 그래서 우리 인생의 불청객인 죽음死을 보기 좋게 웃어 주고, 무상無常을 끌어안아 봅시다. 내가 이 순간 존재한다는 것을 믿는 것과 같이, 부처자리의 존재를 믿고, 또 믿어 보면, 바로 지금 이 자리가 진리의 자리일 것입니다.

첫 번째 공부
– 인식작용의 대상에 대하여

우리의 일상 중에 가장 부끄러운 일이 괜한 일로 화를 내는 것일 겁니다. 화를 내고 나서 대개의 경우 후회를 하게 되고 다시는 그런 일로 화를 내지 않겠다고 다짐을 하곤 합니다. 그러나 비슷한 일이 또 생기면 다시 화를 내는 경우가 많습니다. 왜 화를 내는 것일까요? 부처님께서 지적하신 것은, 사람이 일을 당하거나, 무엇을 접하게 되면, 거기에 빠져 들어가 버린다는 점입니다. 화를 부른 원인에 빠져 들어가면, 다음 차례는 당연히 화를 내는 것이지요. 그래서 부처님은 금강경에서 "어디에도 들어앉지 말고 마음을 내라"라고 말씀하셨습니다. 사실 이 말씀만 실천할 수 있다면, 더 이상 공부할 게 없습니다. 그러나 어디에 들어앉았는지 그렇지 않은지조차도 모르는 판국에 이 말씀은 이해하기조차 어렵다고 할 수 있습니다. 화의 원인 되는 것에 매달리지 말고, 그냥 바라다보면 어떨까요. 또, 겉으로는 화를 내면서도 속마음은 평상시 그대로이면 어떨까요.

◊ 들어앉는 자리 - 6식識

그래서 우선 우리가 어디에 들어앉는지 알아봐야만 합니다. 즉 우리 생각이나 마음이 머무는 곳이 어디인지 알아야 합니다. 언뜻 생각하기에 우리의 사고思考 기관이나 감각기관과 관계가 있을 겁니다. 우리가 날마다 경험하고 있듯이 눈, 귀, 코, 혀, 몸, 생각 등의 여섯 개 기관 -한자말로 안이비설신의眼耳鼻舌身意, 즉 6근六根이라 부름- 이 모양, 소리, 냄새, 맛, 닿는 것, 생각의 대상 등의 여섯 가지 외부 입력 -한자말로 색성향미촉법色聲香味觸法, 즉 6경六境이라 부름- 을 만나 인식하게 됩니다. 이 과정은 인식작용으로서 눈의 인식작용, 귀의 인식작용, 코의 인식작용, 혀의 인식작용, 몸의 인식작용, 생각의 인식작용 -한자말로 안식眼識, 이식耳識, 비식鼻識, 설식舌識, 신식身識, 의식意識, 즉 6식六識이라 부름- 이 성립됩니다.(그림 참조) 예를 들면, 눈[안근眼根]으로 앞에 놓인 꽃[색경色境]을 보면 꽃이라고 인식[안식眼識]합니다.

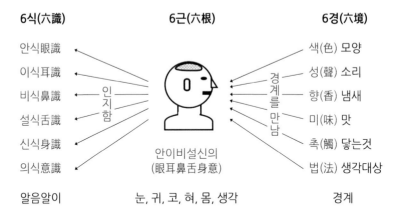

6식(六識)	6근(六根)	6경(六境)
안식眼識		색(色) 모양
이식耳識		성(聲) 소리
비식鼻識	인지함	향(香) 냄새
설식舌識		미(味) 맛
신식身識		촉(觸) 닿는것
의식意識	안이비설신의 (眼耳鼻舌身意)	법(法) 생각대상
알음알이	눈, 귀, 코, 혀, 몸, 생각	경계

(경계를 만남)

　그런데, 마지막의 의意와 법法은 각각 나머지 5근, 5경과 차별되며, 의식意識 또한 다른 5식[전오식前五識이라고 부름]과는 차별됩니다. 제 생각으로는 인간의 의식은 고도로 발달된 뇌를 가지고 있어 훨씬 더 영향력이나 비중이 크다고 할 수 있습니다. 앞의 5식은 우리가 노력만 하면 비교적 어렵지 않게 알 수 있습니다. 즉, 보는 것, 듣는 것, 냄새 맡는 것, 맛보는 것, 닿는 것 등은 정신을 바싹 차리고 있으면 그 행위를 인지할 수 있을 겁니다. 그러나 의식하는 것에 대해서는 그렇지 않습니다. 즉, 의식은 하고 있지만 의식하는 자체를 안다는 것은 쉽지 않습니다. 우리는 의식 속에 빠져 있기 때문입니다. 결국 앞의 5식도 의식으로 전달되어 받아들이는 경우가 대부분이므로, 이렇게 본다면 5식도 의식과 연계된 경우 그리 쉽게 분별해 낼 수 없을 겁니다. 하여튼 이러한 6식이 우리가 들어앉는 자리라고 할 수 있습니다.

◊ 의식의 작용

　따라서 의식에 대한 논의만으로도 우리가 인식작용의 대상인 경계(6근에 대한 6경)를 만나는 데 따른 문제점을 충분히 포괄할 수 있을 겁니다. 물론 무의식과 같이 심층에 도사리고 있는 식識도 있겠지만 일단 의식에 집중하기로 합니다. 현재 우리가 사용하는 언어에 의하면 의식은 '생각'을 중심으로 이루어집니다. 우리는 가끔 지금 내가 무슨 생각이나 행위를 하고 있는지 퍼뜩 알 때가 있습니다. 예를 들면, 골치 아픈 일로 고민을 하다가 고민하는 자신을 갑자기 알게 되거나, 혹은 식사하면서 젓가락으로 어떤 반찬을 집는 자신의 움직임을 순간적으로 아는 경우이지요. 이렇게 우리가 어떤 생각을 하는 순간에 이를 아는 것은 참으로 희한한 일입니다. 우리의 뇌는 하나뿐입니다. 이 하나뿐인 뇌로 생각할 때, 그 생각뿐이지 또 다른 생각은 할 수 없습니다. 가만히 살펴보면, 우리가 여러 가지 생각을 동시에 하는 것 같아도, 한 생각 하고 나서 다른 생각으로 옮아갑니다. 그러나 다음 생각으로 어떻게 옮아가는지, 혹은 새로운 생각이 어떻게 생겨나는지 미스테리라고 할 수 있습니다. 화를 내다 말고 어떻게 (새로운 생각으로서) 화내는 것을 보게 되는지요? 한 생각 하는 중에 다른 무엇이 이것을 보게 되는 경우입니다.

　우리는 시시각각 6경을 맞닥뜨리면서 살고 있습니다. 특히 '의식'의 세계는 우리가 매순간 경험하고 있지만, 그 작용에 대하여 깊이 있게 관찰하고 있지 않는 경우가 많습니다. 그냥 거기에 머물러 있을 뿐입니다. 의식에 의해 맞닥뜨리고 있는 것들을 그냥 넘기지 말고 한번 생각해 보면서 넘겨봅시다. 그리고 "아, 바로 이게 내가 늘 들어앉아 있는 자리구나" 하고 인정해 봅시다. 이제 첫걸음입니다. 그러나 시작이 반도 되고 전부도 됩니다.

두 번째 공부
– 무상無常에 대하여

첫 번째 공부에서 인식작용의 대상인 6경에 맞닥뜨리면서 생겨나는 6식에 들어앉지 말자고 말씀드렸습니다. 그런데 왜 들어앉지 않아야 되는지에 대해서는 아무 설명이 없었습니다. 그래서 이번에는 왜 경계에 머물 필요가 없는지 살펴보기로 하겠습니다.

◊ 모든 것은 변화한다

우리는 항상 변화 속에서 살고 있습니다. 모든 것은 늘 바뀌고 가만히 있지 않습니다. 특히 우리의 생각이나 몸이나 의식은 끊임없이 변화하고 있습니다. 그런데 이러한 변화가 우리가 느끼는 고통의 근원이란 것입니다. 과연 그런가요? 살면서 기쁨과 즐거움을 얼마나 많이 맛보고 있는데, 얼토당토하게 변화에 따른 고통만 얘기하고 있으니까요. 물론 살다 보면 슬플 때도, 괴로울 때도 있지만 그게 다는 아니지 않느냐, 라고 항변할 수 있습니다. 이렇게 보면 변화가 고통을 준다는 것은 일견 논리적으로 타당하지 않다고 보여집니다.

그러나 변화가 시시각각으로 일어나면서 우리가 느끼는 것은 대부분 짧은 시간에 국한된 것입니다. 아주 긴 시간은 말할 것도 없고, 인간의 한평생인 100년이라는 '짧은' 시간만 보더라도 상황이 달라집니다. 이 짧은 시간 동안에도 우리의 몸과 생각은 성주괴공成住壞空의 과정을 벗어날 수가 없습니다. 즉, 몸뚱이는 태어나서 살다 보면 늙어서 죽음을 맞이하고, 생각도 홀연히 일어났다 잠시 머물고는 사라질 수밖에 없습니다. 아무리 애를 써도, 우리 6근으로 부딪히는 모든 경계는 그렇게 없어질 수밖에 없습니다. 그럼에도 불구하고 없어질 수밖에 없는 것을 인정하지 않으려 애쓰는 것이 고통이 아니고 무엇이겠습니까? 혹은, 없어지지 못하게 막으려 하는 것도 (결국 실패할 수밖에 없으니까) 고통이 아니고 무엇이겠습니까? 가장 좋은 예로, 죽음이라는 변화 앞에 서있는 우리 자신을 보면 쉽게 알 수 있을 것입니다. 죽음을 인정하지 않는다거나, 죽지 않으려 버둥대는 것 모두 괴로울 뿐입니다. 즉, 변화를 똑바로 보지 못하고, 거기에 매달리거나 끌려 다니면 괴로울 뿐입니다.

◇ 무상과 4법인四法印

변화의 다른 말이 '무상無常'입니다. 부처님께서는 일찍이 이 세상에 존재하는 모든 물질과 현상은 무상하다고 하셨습니다. 또한, 이 모든 것이 괴로움이라고 하셨습니다. 이것이 바로 불교의 특징을 나타내는 네 가지 중 두 가지로서 제행무상諸行無常, 즉 만물은 항상 변화함이며, 일체개고一切皆苦 즉 모든 것은 고통 혹은 괴로움입니다. 이제 이 말씀을 이해할 수 있으리라고 믿습니다. 부처님께서는 흘러가는 구름을 잡으려고 하는 것은 어리석은 짓이라는 것을 분명히 말씀하고 계십니다. 즉 변화에 집착하지 말라는 말씀인데, 우리가 아는 변화는 색성향미촉법 6경에 의존하여 6식으로 주어집니다. 따라서 6식에 들어앉지 않는 것이, 제행무상의 진리를 깨달아 괴로움에서 벗어나고, 열반적정涅槃寂靜 즉 온갖 번뇌를 떠나 고요하고 청정함의 길에 들어서는 첫걸음이라 할 것입니다. 더 나아가 6식에 들어앉지 않으면 모든 것에 '(거짓)나'라는 것이 끼어들지 않게 되고, 제법무아諸法無我 즉 모든 사물과 현상은 인연으로 생긴 것으로 참다운 자아의 실체가 없음의 진리도 스스로 터득하게 되리라 믿습니다. 즉, 불교의 네 가지 특징[4법인四法印이라 부름]이 바로 무상無常의 진리와 무관하지 않습니다.

모든 것이 변화하는 가운데, 우리는 자신과 관련된 것에 대하여 자신이 직접, 간접으로 개입되어 있다고 생각합니다. 그러나 객관적으로 살펴보면 자신과 관련된 변화조차도 자신의 마음(의도)과는 전혀 관계없이 진행된다는 것을 알 수 있습니다. 예를 들면, 내가 택시를 탄다고 합시다. 우선 첫째 "내가 택시를 탄다"는 변화는 전적으로 나의 의지에 의해 생긴 것으로 생각하기 쉽습니다. 그러나 우선 이유[因]가 있어 택시를 탄다는 결정을 내렸을 것입니다. 즉, 이유에 대한 결과로서 본다면 이 결정은 인과[因果]의 과정상에서 일어나는 당연한 행위일 것입니다. 내가 개입한 것이 아닙니다. 한편, 주위 사정[緣]이 그렇게 되었을 것입니다. 내가 이동하려고 할 때 그 시간 그 장소에 택시가 와주었고 등등 내가 개입하지 않았던 일들로 인해 택시를 탈 수 있었을 것입니다. 인연이나 인과에 따라서 그렇게 되게끔 되어 있기 때문에 그 의도한 변화가 생긴 것입니다. 이와 같이 내가 행하는 행위조차도 내 마음대로가 아니라 그냥 그렇게 되어지는 것입니다. 되어지는 것을 받아들인다는 것은 무상을 따르는 것입니다.

이와 같이 우리가 경험하고 알고 생각하는 모든 것은 항상 변하여 무상합니다. 따라서 우리가 매순간 경험하는 안팎의 경계에 대한 알음알이를 놓치지 말고, 그 알음알이의 무상함을 깨달아 거기에 들어앉지 말아야 합니다. 이 문제를 (알음알이에 의해서일지라도) 확실히 알 수 있게 된다면, 이제 큰 발걸음을 떼어놓은 셈입니다.

세 번째 공부
– 관觀한다는 것

　우리에게 알음알이[식識]는 어떤 의미가 있는 것일까요? 우선 이
것 없이는 우리 몸과 생각을 유지하고, 이웃이나 주위와 함께 어울
려서 살아갈 수 없습니다. 이것은 어떤 이유로서도 우리가 절대로
배척해서도 안 되고 무시해서도 안 될 상대입니다. 단지, 앞에서
논의한 바와 같이, 모든 알음알이는 무상하여 거기에 들어앉아 일
희일비一喜一悲할 가치가 없다는 것입니다. 그런데 문제 중의 하나
는 어떻게 6식에 머물러 있는지 아는가 하는 것입니다. 예를 들면,
당장 두통으로 머리가 아픈데 딴 생각을 한다는 것은 거의 불가능
할 것입니다. 그래도 아프다는 '식識'에 머물지 말아야 한다면, 어떻
게 하면 될까요? 그래서 이 공부에서는 어떻게 하면 알음알이에
머무르지 않을 수 있는지 살펴보겠습니다.

◊ 바라봄

　몇 년 전의 제 경험입니다만, 우리가 흔히 경험하듯이, 어느 날
갑자기 마음이 혼란스럽고 무거워지더니 며칠간 지속되었습니다.
그러다가 어느 순간 제 혼란스러운 마음이 보였습니다. 보자마자,
그만 혼란스런 마음이 사라져 버렸습니다. 마치 잘못을 저지르다

들킨 것처럼, 아무 의미도 없음을 들킨 것처럼 그냥 없어졌습니다. 나중 일이지만, 이 경험이 바로 '관觀한다=바라본다'라는 것을 알게 되었습니다. 바라본다는 것은 보는 자와 보이는 자가 있어야 성립이 됩니다. 앞의 제 경험의 예에서는 제 혼란스런 마음이 분명히 '보이는 자'였고, 보는 자는 '나 자신'이었다고 추론할 수 있습니다. 그런데 그 보는 자가 정말 '나 자신'이었을까요? 보이는 자도 '내'가 아닌가요? 이 문제에 대한 논의는 나중으로 미루기로 하겠습니다. 지금은 그냥 보는 자가 있다고 가정하기로 합시다.

실제로 바라본다는 것은 전혀 새로운 것이 아닙니다. 우리가 늘 경험하고 있는 사실이니까요. 그런데 왜 이 평범한 행위를 여기서 들고 나오는 걸까요. 또 우리가 평소에 눈으로 물체를 '바라본다'라는 뜻과 앞에서 말한 대로 마음을 '바라본다'라는 뜻과는 어떤 차이가 있을까요? 가만히 돌이켜보면, 우리가 평소에 바라보는 것은 '나', 즉 나 자신의 경계와는 관계가 없었던 것 아닐까요? 예를 들면, 나와 아무런 관계도 없는 옆 사람이 배고프다고 하면 우리는 그러려니 합니다. 그냥 바라보는 것이지요. 그러나 내가 배고프면 어떻게 하나요? 남 배고픈 것 보듯이 자기 배고픈 것을 바라볼 수 있을까요? 내가 나의 경계에 부딪혀 그냥 지나치기는 어렵습니다. 경계에 순식간에 알음알이가 들러붙어, 그냥 거기에 들어앉아 버립니다. 다시 말하면, 바라보지 못하는 것입니다.

사실 우리는 남뿐만 아니라 우리 자신에 대해서도 늘 관觀하며 살고 있습니다. 그 사실을 모를 뿐입니다. 어제 일을 생각하는 것은 과거사를 관하는 것이고, 내일 일을 계획하는 것은 미래사를 관하는 것이라고 치부할 수 있습니다. 만일 지금 이 시각에 무엇을 하고 있는지 생각한다면 이것은 현재사를 관한다고 여길 수 있습니다. 과거사나 미래사는 우리의 알음알이와는 관계가 적어 비교적 객관적으로 바라볼 수 있습니다. 그러나 현재사를 관하는 데는 매우 인색합니다. 알음알이에 머물러 있어서입니다. 예를 들면 지금 화가 치밀어 오르고 있다면, 이 화 속에 빠져들어 화를 내는 자신을 보지 못합니다. 만일 화내는 자신을 그 즉시 알아차리고 "봐" 버린다면, 이것이 바로 바라보는 것, 즉 관하는 것입니다.

◊ 알음알이의 관찰

　우리가 바라보고자 하는 대상은 우리의 식識, 즉 알음알이입니다. 6근을 통해서 받아들이는 6경과 6식은 항상 우리를 떠나지 않고 있습니다. 어찌 보면, 우리에게 바라볼 수 있는 기회는 항상 기다리고 있다고 할 수 있습니다. 조용하고 아무 일도 없는 외딴 곳보다도 어수선한 시장바닥에서 언제든지 마음만 먹으면 선입감을 버리고 안이비설신의 6근을 통해 전해지는 경계와 그에 따른 식을 관할 수가 있을 것입니다. 일례로 어떤 소리가 들리면, 그 소리를 있는 그대로 받아들이면 됩니다. 그것이 자기에 대한 욕설일지라도 한갓 고막을 울리는 진동으로 받아들여, 인연에 따른 편견이나 감정의 개입 없이 관해 버리면 그만입니다. 누구나 마음만 먹으면 할 수 있습니다.

이렇게 말로는 쉽게 할 수 있지만 실제로 관하는 것을 실천으로 옮기기는 매우 어렵습니다. 하지만 알고만 있어서는 어디에도 다다를 수 없다는 것을 잘 알고 있습니다. 그래서 조금씩 조금씩 실천에 옮겨 봅시다. 이것은 참선을 위한 선택사항이 아니라 필수사항입니다. 자기 자신, 즉 자신의 알음알이를 바라볼 수 있다는 것은 마치 싸움터의 장수가 백만원군을 얻은 것과 같고 어부가 그물을 얻은 것과 같습니다. 이제 참선을 시작할 수 있는 귀중한 수단을 얻었으니 어떻게 정진할 것인지 연구하여 봅시다.

네 번째 공부
– 내가 부처라는 것을 믿음

세 번째 공부에서 관觀하는 것에 대해 살펴보았습니다. 그런데, 바라본다면 바라보는 주체가 있기 마련입니다. 앞에 놓인 책상을 바라보는 것은 우리의 눈을 통해 작용하는 안식眼識이라 할 수 있다면, 이 안식을 알아채는 '놈'은 무엇일까요. 이 '놈'이 정말 존재하는 걸까요? 또, 잠잘 때 꿈을 꾸다 보면 그 속에서 내가 무언가를 할 때가 있습니다. 우리가 어릴 때 흔히 꾸는 꿈으로 낭떠러지에서 떨어지는 꿈이나 도망치려는데 다리가 움직이지 않는 꿈과 같은 경우를 회상해 봅시다. 이때 떨어지는 나, 도망치려는 나를 보지 않았나요? 그렇다면, 그런 위험에 처한 '나'는 누구이고, 잠에서 깬 '나'는 누구인가요? 어느 '나'가 진짜나인가요? 혹시 이들 모두가 가짜나 아닌가요?

◊ "보는 놈"

 그러나 불행하게도 바라보는 주체인 '보는 놈'은 볼 수가 없습니다. 우리 눈이 눈을 볼 수 없는 이치와 마찬가지입니다. 그래서 그게 무엇인지를 아무도 확실히 말해 주지 않았습니다. 부처님께서 가르쳐 주실 때까지 말씀입니다. 이것이 바로 사람들이 이름 붙이기를 불성佛性, 부처마음, 참나眞我, 성품, 청정본심, 자성, 참마음 등이라고 하였습니다. 물론, 이것에 이름을 붙인다는 것이 어불성설이지만 보통 사람들이 쉽게 접근할 수 있는 수단으로 이렇게 부릅니다. 부처님께서는 통상 우리가 알고 있는 '나'는 무상한 것이지만, '진짜나'는 6경, 6식을 떠난 자리이며 무상에 휩쓸리지 않아 생로병사도 들러붙지 못하는 자리라고 말씀하셨습니다. 즉, 우리 모두 불성을 가지고 있다고 말씀하셨습니다.
 이 이야기는 불교의 교리를 접해본 사람은 누구나 잘 알고 있는 사실입니다. 제가 새삼스럽게 이렇게 장황하게 말씀을 드린다는 자체도 눈치 없는 짓일 겁니다. 그러나 부처님의 "자기 자신이 부처, 부처가 나 자신"라는 말씀을 알고는 있어도 믿는 사람은 그리 많지 않은 듯합니다. 왜냐하면, 일례로, 부처님께서 단 한마디도

법을 설하신 바가 없다고 하시고 자기 자신의 부처에만 의지하라고 말씀하셨다고 하는데, 요즘 보면 자신의 부처보다는 다른 부처만 열심히 좇고 있으니까 말입니다.

참고로 부처님 유훈은 다음과 같이 요약될 수 있습니다. "너 자신을 등불로 삼고 너 자신에 의지하라", "법(진리, 부처님 가르침)을 등불로 삼고 법에 의지하라", "열심히 정진하여 수행을 완성하라."

◊ 올바른 믿음

만일 우리가 부처인 사실을 믿지 않는다면 백약百藥이 소용없다고 할 수 있습니다. 그래서 믿음이란 필수적인 것인데, 문제는 진짜 믿는 것이 어떤 것인지 모른다는 것입니다. 모든 일이 그렇지만, 우리, 특히 배웠다는 사람들은 모든 것을 이성으로 혹은 생각으로 합니다. 믿는 것도 머리(뇌)로 하는 것이지요. 머리로 하는 것은 '무상無常'한 것입니다. 머리로 믿어봤자 얼마 못 가지요. 그럼 믿음이란 무엇일까요.

우리가 밥을 먹을 때, 그냥 먹는 것이 아닙니다. 밥이 우리 몸에 좋다는 것을 "믿기" 때문입니다. 몸에 좋다는 것을 믿지 않으면 절대 먹을 수 없습니다. 독약을 스스로 먹는 사람이 없듯이, 우리 자신이 하는 행동은 모두 믿음에 바탕을 두고 있습니다. 물론 믿지 않고도 행동에 옮길 수는 있지만 이것은 인위적이거나 강제적인 경우입니다. 이 사실은 가만 생각해보면 엄청난 일입니다. 우리가 스스로 행하는 일거수일투족이 믿음을 전제로 한다니, 어찌 보면 우리는 믿음의 바다에 살고 있는 셈입니다. 지구가 움직이는 것도, 옆에 어떤 사람이 앉아 있는 것도, 모든 것이 어떤 '믿음' 속에서 이루어지고 있다고 본다면 논리의 비약일까요? 결국 믿음이 시간을 가게 하고, 변화를 일으키는 원동력이 아닐까요? 이 믿음이 곧 우주의 근본자리일지도 모르겠습니다.

그렇다면 어떻게 올바른 믿음을 가질 수 있을까요. 우선 믿기 위해서는 경험으로 알아야 합니다. "백번 듣는 것이 한 번 보는 것만 못하다"라는 속담과 같이 직접 경험하여야 합니다. 이렇게 체험하여 아는 것을 체득體得한다고 합니다. 체득에 의한 올바른 믿음을 내기 위해서는 부처님의 유훈과도 같이 자기 자신과 법(진리)에 의존하여, 끝없이 공부하고 부딪치고 체험하고 노력하여야 합니다. 이러한 믿음은 나이가 들면 좀 쉬워지기도 합니다. 그동안 살아왔던 것을 돌이켜 보면 그저 꿈같기도 하고 한시도 똑같았던 것이 없었던 것 같습니다. 그러면 산다는 것이 '무상無常'하다는 것을 저절로 퍼뜩 알아차리게 되어, 정말 삼라만상이 무상하다는 것을 믿을 수 있게 됩니다. 믿음이란 지식으로 아는, 일시적인 앎과는 다릅니다. 결코 우리를 떠나지 않는 앎입니다. 이렇게 알아챈 사실을 철저히 챙기면, 체득體得에 의한 믿음을 자신의 것으로 만들어 갈 수 있습니다. 그러므로 부처가 되는 길을 올바로 가기 위해서는 "내가 부처"라는 진리를 믿고 또 믿어야 합니다.

"내가 곧 부처"라는 믿음은 참선수행의 받침대와도 같은 것입니다. 이 사실을 잘 알고, 잘 믿어왔다고 하더라도, 다시 시작하는 마음으로 정성을 다하여 끝없이 반복하여 믿어 봅시다. 믿음 없이는 한 발짝도 앞으로 나갈 수 없습니다. 우리는 늘 경계를 만날 때마다, 내 안의 부처를 만나고 있습니다. 나에게서 한 치도 한시도 떨어져 본 적이 없는 내 부처를 말이지요.

다섯 번째 공부
– 망념을 인정하라

우리가 매순간 6근이 6경을 만나 생겨나는 6식은 모두 무상하여 거기에 집착할 필요가 없다고 하였습니다. 이러한 알음알이[식識]와 알음알이가 만들어내는 현상을 통칭하여 '망념妄念', '망상妄想', '망식妄識', 혹은 '망심妄心'이라 부릅니다. 헛된 생각이란 뜻입니다. 다시 말하면, 모든 생각이 다 망념이라고 할 수 있습니다. 망념은 부처자리의 대척점에 위치하는 온갖 그릇된 상념을 가리키므로, 이 망념에 빠져 불성 즉 부처자리를 저버리지 말자고 논의하였습니다. 따라서 망념을 올바로 이해하고 대처하는 것이 곧 부처자리를 찾아가는 수행일 것입니다.

◊ 망념은 우리 자신의 일부

이 망념은 한마디로 우리의 육신과 업식을 영양분으로 하여 거칠 것 없이 자라납니다. 이것은 자기 자신의 온 세계를 뒤덮고 있으며 떼려야 뗄 수 없는 번뇌와 고통의 근본입니다. 결국 고통 속의 우리네 인생도 망념의 직접적인 희생물이라고 볼 수 있습니다. 그러면 어떻게 망념을 떨쳐버리고 자신의 성품을 볼 수 있을까요? 흔히들 망념을 제거의 대상이라고 합니다. 망념을 없애버리면 그만이라고요. 그러나 이것은 여러모로 틀린 생각입니다. 왜 그런지 몇 가지 경우의 예만 들어 보겠습니다.

첫째, 망념을 무엇으로 없앨 수 있을까요? 망념을 없앤다는 그 생각도 망념일 테니까, 망념을 망념으로 없앤다는 것은 이해하기 힘든 작용입니다. 둘째, 우리는 항상 알음알이로 가득 차있습니다. 망념 하나 없애면, 다음 망념이 생기고, 또 그 다음, 그 다음 하여 끝없이 줄서있는 망념을 언제 다 없앨 수 있을까요. 셋째, 망념도 우리의 불성과 무관하지 않습니다. 육조단경에서 혜능 스님은 청정본심이 망념 속에 있다고 하셨습니다. 따라서 망념을 없앤다는 것이 부적절하다면 어떤 방안을 강구하여야 할지 살펴보겠습니다.

◊ 망념에 대한 대처 방법

우리가 살아가면서 부닥치는 대상에 대하여 어떻게 대처하여야 할까요? 부인否認할까? 인정할까? 아니면, 무시할까? 이렇게 참으로 곤혹스러울 때가 있습니다. 부인하자니 다툼이 생길 것 같고, 인정하자니 마음이 따르지 않고, 무시하자니 뒤탈이 무서울 수 있습니다. 예를 들면, 배를 타고 가다가 높은 파도를 만나 배가 흔들리면, 왜 배가 흔들리느냐고 못마땅해 할 수 있습니다. 한편, "파도가 치니까 배가 흔들리는 것"이겠지 하고 생각해 보지만, 왜 하필 이때 이럴까 하고 불평할 수 있습니다. 또, 배가 흔들리는 것을 무시한 채 하던 일을 계속하다가는 변을 당할 수 있습니다. 이 경우, 가장 좋은 해법은, 파도로 배가 흔들리는 것을 인정하고 불평 없이 적극 대처하는 것일 겁니다.

마찬가지로 우리가 망념을 대하는 데 있어, 망념을 배척하거나 피하지 말고, '그렇다' 하고 긍정적으로 인정할 필요가 있습니다. 망념을 없애려고 한다면 반드시 망념과 싸우게 됩니다. 그럼 누가 싸울까요? 자성이나 성품은 싸우지 않습니다. 싸울 이유가 없습니다. 대신 또 다른 망념이 싸우겠지요. 또 망념에 들어앉는 꼴이 되어 버립니다. 한편 망념을 피하여 도망간다면, 어디까지 갈 수 있을까요? 또 다른 망념이 기다리고 있는데요. 바다 한가운데 빠져있는데, 옆으로 조금 헤엄쳐 간다고 더 나은 것이 있을까요? 망념이 생기면 싸우거나 피하지 말고 그것을 직시하고 (즉, 바라보고) 인정을 해야 합니다. 그러면 망념의 속성상 그대로 사라집니다. 마치 파도가 치다가 바람이 잦아들면 파도도 잦아들듯이 말입니다.

망념에 대하여 나무를 예로 들어 보겠습니다. 나무의 줄기와 잎은 시시각각으로 변하면서 성장합니다. 이러한 변화와 성장은 뿌리로부터 나옵니다. 줄기와 잎이 없어져도 뿌리만 살아 있으면, 다시 지상에 줄기와 잎이 자라서 나무로 보이게 됩니다. 이렇다면 나무의 근본은 뿌리입니다. 뿌리 없는 나무는 없습니다. 따라서 우리는 잎을 보고 뿌리가 있다는 것을 믿습니다. 우리의 망념(가짜마음)과 불성(참마음)도 이와 같습니다. 우리는 망념의 잎, 줄기만을 자아의 나무로 알고 있습니다. 불성이란 뿌리는 보이지 않으므로 잘 알지 못합니다. 혹은 불성이 있는 줄은 어렴풋이 알지만 믿지는 않습니다. 그러나 나무의 예에서 보듯, 망념의 뿌리가 불성이라는 것 그리고 불성이 망념을 만들어 낸다는 것을 믿어야 합니다.

나무가 나무이기 위해서는 반드시 뿌리가 있어야 하고, 뿌리가 있어 환경조건만 맞으면 지상으로 줄기가 뻗고 잎이 돋아나게 되어 있습니다. 자연스런 현상입니다. 그러나 항상 나무의 근본은 뿌리라는 것을 잊으면 안 됩니다. 마찬가지로 망념이란 자연스런 불성의 산물입니다. 우리가 이렇게 육신을 가지고 사람으로 사는 한, 즉 알맞은 환경조건이 있는 한, 없어질 수 없는 것입니다. 대신 망념에 들어앉아 있지 말고, 망념의 존재를 관觀하며 인정한다면, 망념의 근본인 참마음이 기다리고 있을 것입니다.

여섯 번째 공부
- 방하착

　우리가 지난 다섯 차례에 걸쳐 논의한 내용은 다음과 같이 정리될 수 있습니다.

　6근이 6경을 만나매 6식이 생기는데, 이러한 식識, 즉 알음알이는 무상無常하므로 여기에 들어앉지 말자. 알음알이로 주어지는 모든 대상을 관觀함으로써, 즉 바라봄으로써, 알음알이가 무상한 것을 알 수 있고, 대상을 올바로 볼 수 있다. 내가 부처인 것을 믿자. 우리가 알음알이로 알고 있는 모든 것이 망념妄念이며, 이 망념은 없애려고 하지 말고 관하여 인정하라.

　이번 공부에서는 이제까지 공부한 내용을 기초로 참선의 바탕을 확인하는 기회로 삼겠습니다.

　알음알이 어디에나 들어앉지 않고 관하려는 노력은 참선의 핵심입니다. 망념에 얽매이지 않는 한편 망념을 없애려 하지 않는 것이 알음알이에 들어앉지 않는 첩경입니다. 망념이란 6근의 경계로부터 들어오는 모든 것과 우리 업식業識이 만나서 서로 작용하면서 일어나는 것입니다. 이 상호작용을 다른 말로 표현하면 경계와 알음알이가 엮이는 것입니다. 따라서 이러한 작용을 내지 않으면 망념도 생길 리가 없으므로, 경계에 부딪혀 반응하지(즉, 엮이지) 말고, 그냥 그대로 받아들이는 것입니다. 이것이 바로 방하착放下着의 속

뜻입니다. 즉, 방하착과 "들어앉지 않음"은 같은 의미로서, 몸과 마음에 어떠한 알음알이도 두지 말고 (벗어서) 내려놓으라는 뜻입니다. 이렇게 하여야 우리의 부처자리가 드러날 수 있게 되겠지요.(방하착이란 말은 원래 부처님께서도 사용하셨으나 조주 스님이 다음의 예에서 사용하여 유명해졌다고 함. 즉, 옛날 중국에서 엄양 스님이 조주 스님에게 한 물건도 가지고 오지 않았을 때에 어떻게 하느냐고 묻자, 조주가 "내려놓아라放下着"라고 하였음. 엄양이 내려놓을 것이 없다고 하자, 조주가 "그러면 짊어지고 가거라"라고 하였다고 함.)

◊ 망념이란?

　생각(망념)이란 다음과 같이 두 가지 종류로 구분할 수 있습니다. 우선 생각이 동적動的으로 나타났다가 사라져 버리는 경우입니다. 이때 생각은 활시위를 떠난 화살과 같아서 잡을 수도 따라갈 수도 없는 것입니다. 그저 멀어져 가는 것을 (바라보고 싶다면) 바라보면 될 것입니다. 만일 잡으려고 쫓아간다 해도 잡을 수 없으니 고통만 따를 뿐입니다. 다음은 생각이 정적靜的으로 우리 마음을 짓누른다든가 온통 차지하고 있다든가 하는 경우입니다. 이 생각을 가만히 관찰해 보면 생각이 우리를 붙들고 있는 것이 아니라, 우리 자신이 이 생각을 내 것인 줄 알고, 혹은 마치 보물인 줄 알고, 혹은 잃어버리면 큰일 날 것 같은 것으로 알고는 꼭 붙들고 놓으려고 하지 않습니다. 무상하여 언젠가는 사라져 버릴 것을 말입니다. 이러한 두 종류의 생각 모두 내려놓아야 하겠습니다.

망념의 한 예를 들어 보겠습니다. 우리 몸이 어디가 잘못되면 몸이 아프다고 하기도 하고 병에 걸렸다고 하기도 합니다. 이렇게 우리의 식識이 '병'이라고 알아차리자마자 우리는 그만 병에 걸리고 맙니다. 생각 속에 병이 만들어지는 것입니다. 그 다음은 실제 병의 원인이나 병 자체를 상대하는 것이 아니라, 우리 생각 속에 있는 (알음알이에 의해 규정해버린) 병을 상대로 머리를 굴립니다.(그림 참조) 즉 우리가 인식하는 '병'이란 마음으로 얻어 가지는 것입니다. 원래 그런 병이란 없는 것입니다. 우리가 그냥 업식으로 만들어 내는 망념일 뿐입니다. 이 사실을 깨닫고 나면, 병을 대하는 태도가 많이 바뀔 것입니다. 그냥 망념인 병이 없어져 버릴 것입니다. 그러나 없어져 버릴 것도 없습니다. 원래 없었던 거니까요.

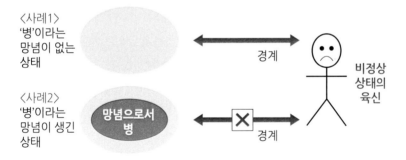

이 그림에서는 병病도 일종의 망념이라는 것을 묘사하고 있음. 즉, 육체에는 병이라는 생각이 없는데 우리 마음에서 "병"이라는 망념을 내어 스스로 고통을 받고 있음. 우리가 비정상인 육신을 직접 바라볼 수 있어야 하는데 〈사례1〉, 실제는 병이라는 망념에 의해 가려져 있음 〈사례2〉 (화살표 안의 "×"는 이러한 문제를 나타냄).

◇ 알음알이 마음에 의한 조작

우리는 늘 알음알이[식識]로 무언가 엮어 나가고 있습니다. 그냥 두면 될 것을 요리조리 생각으로 만들고, 지어 나갑니다. 마음으로 무언가 끊임없이 조작하고 있지요. 이런 것을 마음 눈으로 보아 관하여 버리면 스스로 한심스러워 곧 자취를 감춥니다. 사실 저 자신도 지금 이 글을 쓰면서도 뭔가 머릿속으로 굴리고 있는 제 모습을 봅니다. 조금이라도 잘 써 보려고요.

어렵지 않게 망념과 관련된 또 다른 예를 들어 보겠습니다. 몇 년 전 제가 일본 북北알프스 연봉連峰을 종주할 때의 일입니다. 첫날 해발 3000미터 이상의 산을 오를 때, 마지막 500미터 정도를 남겨두고 지치고 힘이 들어 거의 극한상황까지 갔었던 것 같습니다. 마음이 온통 "힘들다" 하는 생각으로 꽉 차 있었습니다. 그러니 다른 생각은 할 수 없었습니다. 그런데 어느 순간 불현듯 그냥 평상심平常心으로 오르기로 마음을 먹었습니다. 그랬더니 마음이 평안해지며 오를 수 있었습니다. 기억 깊숙이에 있었던 '평상심'이란 단어가 어떻게 떠올랐는지 모릅니다. 사실 그 당시 평상심이 정확히 무슨 뜻인지도 몰랐습니다. 그저 평상심으로 마음을 가라앉히고 올라가니 좀 더 쉬웠을 뿐입니다. 그 후 이틀 더 산을 타는 동안 내내 이 평상심에 의존하였습니다. 돌이켜 보면, 첫날 막바지에 내 마음을 덮었던 "힘들다"라는 생각은 망념이었으며, 저는 이 망념에 들어앉아 있었습니다. 돌이켜 잡은 '평상심'이란 바로 망념을 여의고 방하착해 버린, 마음의 조작이 없는 상태인 듯합니다.

망념 혹은 알음알이에 대하여 다시 한번 살펴보겠습니다. 망념이란 우리가 알고 있는 모든 것, 생각하는 모든 것, 경계로 받아들이는 모든 것입니다. 예를 들면, 더운 날씨에 '덥다'고 생각하는 것도 망념이며, 이 생각을 돌이켜 보며 "이게 바로 망념이지"라고 할 때도, 그 자체가 또 다른 망념입니다. 우리의 부처자리는 우리가 알고 있는 어떤 수단을 써도 직접 볼 수 없습니다. 그러나 망념도 부처자리에서 왔다는 것을 믿는다면, 망념이 떠다니는 곳에 부처도 함께 있다는 것을 믿을 것입니다. 즉 망념이나 알음알이를 걷어잡고 부처자리를 드러낼 수 있을 것입니다. 이렇게 하자면, 자신의 내면을 지혜로 항시 되짚어 살피는 마음가짐을 가져야겠습니다.

　이제 우리가 생각하는 모든 것을 내려놓으십시오. 내가 부처라는 생각도, 내가 중생이라는 생각도, 참선을 잘 해야겠다는 생각도, 부처가 되고 싶다는 생각도 등등 모든 알음알이를 내려놓으십시오. 한편, 이러한 생각을 없애거나 피하겠다는 생각도 망념입니다. 그러하니 그냥 놓아 버립시다. 그런데 어디에다 내려놓지요? 누가 내려놓지요?

일곱 번째 공부
– 망념을 보고 있는 '놈'은 누구?

　이제까지의 논의에서 알음알이로 이루어지는 모든 망념은 무상할 뿐이고 들어앉지 말고, 바라보자고 하였습니다. 또, 그 뿌리는 부처자리라고 밝혔습니다. 그럼 망념을 바라보는 주체는 무엇(누구)일까요? 이 물음에 대한 답은 이미 지난 공부를 통하여 알고 있겠지만, 여기서는 좀 더 상세하게 살펴봄으로써 부처자리에 대하여 믿음을 더하는 계기로 삼겠습니다.

◊ 망념을 알아차림

　어떤 사람이 우주선을 타고 우주의 허공 속을 여행한다고 합시다. 이때 우주선 승객은 움직이고 있다고 느끼지 못합니다. 가만히 정지해 있다고 생각할 겁니다. 그러나 지구에서 망원경으로 관찰하면 우주선은 움직이고 있다는 것을 압니다. 다른 예로, 우리가 칠흑같이 어두운 동굴 속에 있으면 그냥 깜깜하기만 할 겁니다. 그러나 밖에서 보면 동굴 속 어둠에 갇혀있다는 것을 압니다. 즉, 우리가 경계에 부딪히면 이 사실을 6식에 의해서만 알 수 있으므로 주관에서 벗어날 수 없습니다. 이렇게 6식으로 아는 것을 망념이라 하였고, 이 망념 속에만 들어앉아 있으면 마치 우주선을 타고 있는 것처럼 자신이 망념 속에 있다는 것을 알 수가 없습니다.

　그러나 망념에 사로잡혀 있는 것을 안다면, 아는 순간에는 망념 속에 있지 않다는 것을 의미합니다. 예를 들면, 화를 내고 있다가 불현듯 자신이 화를 내고 있다고 알아차렸다고 합시다. 그럼 더 이상 화에 사로잡혀 있지 않게 됩니다. 이때 누가 알아차리게 했을까요? 이 질문에 대한 답은 저도 알지 못합니다. 하지만 답은 아니겠지만, 알아차리게 한 '놈'은 만질 수도, 생각할 수도, 언어로 표현할 수도 없는 것이 확실합니다. 왜냐하면 우리가 이렇게 경계로 알 수 있는 것이라면 이 또한 망념일 뿐이기 때문입니다. 앞의 예에서, 우주선 안에 있는 다른 승객들도 자신들이 움직이고 있다는 것을 모르기는 마찬가지이며, 오직 우주선 밖에서 보아야만 알 수 있습니다. 이와 같이 망념을 알아차리는 것은 망념을 떠나서 있습니다.

　그러니 참으로 답답한 노릇이 아닐 수 없습니다. 망념을 보고 있는 자가 분명히 있는 것 같은데 알 수 없으니까요. 그런데 원래 알 수 없는 것을 알려고 하니까 답답한 것이 아닐까요? 예를 들면, 우리가 눈으로 모든 물체를 다 볼 수 있지만, 막상 자신(즉, 눈)은 볼 수 없습니다. 그러나 우리는 눈이 있다는 것을 압니다. 눈을 감을 수도 있고, 눈에 손을 대면 물체를 볼 수 없게 되고, 또 거울에 비쳐볼 수도 있기 때문입니다. 또 다른 사람의 눈을 보면 나도 똑같이 눈이 있다고 믿습니다. 이렇게 직접 볼 수는 없지만, 눈이 있다는 것을 인정합니다. 마찬가지로 망념을 보고 있는 '놈'도 볼 수가 없으니 우리의 6식으로 체험할 수 없지만, 망념이 비쳐 보이는 것을 보면 그 '놈'이 있기는 있는 모양입니다. 그렇다면 이 사실을, 즉 망념을 알아차리는 그 뭔가가 있다는 사실을 인정하고 어린 아이가 엄마 말씀 믿듯이 믿읍시다.

◊ 망념이 있는 '곳'

   망념에 대하여 알음알이를 걷어잡고 좀 더 다른 각도에서 설명해 보겠습니다. 우리가 어떤 물체를 볼 수 있다는 것은 그 물체가 배경과 차별화될 때입니다. 예를 들면, 검정 물체가 검정색 벽 앞에 놓여 있다면 잘 볼 수가 없고, 흰색 벽 앞에 있을 때 잘 보입니다. 망념이 뚜렷하게 보인다는 것은 그것을 둘러싼 것이 망념이 아니라는 뜻입니다. 또 다른 예로서, 지구가 허공에 떠있으므로 보이기도 하고 움직이기도 합니다. 지구 주위가 온통 지구와 같은 것으로 채워졌다면 지구는 보이지도 않고 움직이지도 않을 것입니다. 마찬가지로 망념도 허공, 즉 빈 것에 떠있다고 생각할 수 있습니다. 만일 망념이 보인다면 비어있는 것도 함께 있다고 할 수 있습니다. 망념을 볼 때, 이 "비어있는 것[허공虛空]" 또한 본다면 망념은 더 이상 우리를 붙들고 있는 망념이 아니고 허공 속의 무상無常한 대상일 뿐입니다. 망념은 허공에서 나왔다 다시 허공으로 돌아갑니다. 바로 이 허공이 망념의 뿌리이며 만질 수도 볼 수도 없는 그 무엇이 아닐까요.
   선지식들은 이 "볼 수 없는 뭔가"가 바로 우리의 성품(청정본심, 부처자리, 불성, 참마음 등)이라고 언어를 빌어 말씀하십니다. 위에서 말씀드린 바와 같이, 망념을 관하고 또 알아챈다는 것은 망념과 성품이 함께 한다는 것입니다. 이 두 가지가 따로 존재하는 것이 아닙니다. 그러므로 망념에 끌려가면 성품이 감추어지고, 망념을 쉬면 성품이 드러납니다. 마치 흙탕물을 가만히 두면 흙은 가라앉고 맑은 물만 남듯이 말입니다. 또, 바람이 잦아들면 파도가 가라앉고 바다 속이 보이듯이, 우리의 망념을 내려놓으면 저절로 부처자리가 나타날 것입니다.

어찌 보면 망념은 우리 성품의 허상이라고 할 수 있습니다. 마치 우리가 거울 속에 맺힌 상像을 보고 자신의 얼굴을 알듯이, 망념을 보면 성품이 있다는 것을 알 수 있을 것입니다. 그러나 거울 속의 얼굴은 나의 진짜 얼굴이 아닙니다. 마찬가지로 망념도 "진짜 나"일 수 없습니다. 내가 내 얼굴을 직접 볼 수 없듯이, 참나도 절대로 보거나 알 수 없습니다. 하지만, 거울 속의 내 얼굴을 보고 내 얼굴(혹은 눈)이 있다는 것을 믿듯이, 6식으로 나타나는 온갖 망념을 걷어잡고 항상 내 안에 부처가 함께하고 있다는 사실을 믿어야 합니다. 우리의 성품은 한시도 우리 자신과 떨어져 있은 적이 없습니다.

그래서 잠자리에 들 때도 내 부처와 함께 들고, 잘 때도 함께 자고, 일어날 때도 부처와 함께 일어납시다.

여덟 번째 공부
– 경계를 만나면 회광반조廻光返照

    우리는 6근이 6경을 만나면 6식이 발현되며, 이 알음알이는 망념에 지나지 않는다는 것을 공부하였습니다. 그러므로 경계를 만날 때, 즉시 알아채서 관하여 버리는 것이 경계에 들어앉지 않는 길입니다. 이때 바라보는 대상인 경계로부터 돌이켜, 바라보는 주체의 자리로 관심을 되돌리는 것을 회광반조廻光返照 혹은 회광자간廻光自看이라고 합니다. 이번 공부에서는 회광반조의 의미를 살펴봄으로써 부처자리에 다가갈 수 있는 길을 알아보기로 하겠습니다.

◊ 망념에서 돌이킴

    일반적 의미로 회광반조란 어떤 광원光源이 물체에 빛을 비출 때, 그 빛이 반사되어 광원으로 되돌아 가는 현상을 말합니다. 이 현상을 선불교적으로 다시 풀어보면, 우리가 경계를 바라볼 때 그 경계로부터 되돌아 비춰보는 것을 말합니다. 여기에서 경계에 들어앉지 않는다면 되돌아 비춰보는 것이 자신을 비치게 되어, 보는 자가 보여지게 된다는 의미가 됩니다.(물론 보는 자를 볼 수는 없지만.) 한 마디로, 회광반조란 다름아닌 돌이키는 것입니다. 어떤 경계를 만나 거기(경계에 의해 촉발된 알음알이)에 머물지 않고 돌이켜 그것을 알아챈

자리로 향하는 것입니다. 그러나 말이 쉽지 식識에 머물지 않는다는 것은 보통 사람의 입장에서는 매우 어려운 일입니다. 특히 전5식[前五識 안이비설신眼耳鼻舌身에 대한 식識]에 대해 알아채고 돌이키기는 덜 힘들다 해도, 제6식인 의식意識의 경우, 이를 알아채고 돌이킨다는 것은 일상을 살아가는 우리에게는 거의 불가능하다고 할 수 있습니다. 예를 들면, 시끄러운 소리가 들려올 때, 회광반조하여 이를 알아챈 자리로 향하는 것은 좀 수행이 깊어지면 가능할 수 있습니다. 그러나 시끄러운 소리를 듣고[이식耳識], 그것에 반응하여 짜증을 낸다든가 궁금해 한다든가 하면[의식意識], 이 의식을 즉시 관하여 돌이킨다는 것은 보통 사람에겐 거의 기대할 수 없습니다.

그렇지만 우리는 부처자리를 드러내기 위하여 노력하고 있습니다. 어떻게든 이 난관을 극복하지 않으면 안 됩니다. 정진을 통하여 회광반조의 경지에 오르고, 또 정진하여 부처자리를 깨쳐가야 합니다. 그래서 이제까지 우리는 어떻게 바르게 정진精進할 것인지를 공부하여 오고 있습니다. 우리가 마음을 닦아가는 과정이 모두 그렇듯이 회광반조의 수행도 알음알이나 망념으로 할 수 없습니다. 그러나 우리가 무엇을 행하거나 생각했다 하면 그만 알음알이로 빠져버리니 비유를 들어 한번 더 이 문제를 살펴봅시다.

◊ 저절로 하기

우리들 주위에서 보면, 저절로 되는 것들이 많습니다. 무거운 물체를 공중에서 놓으면 땅으로 '저절로' 떨어집니다. 밥상에 아무리 반찬이 많아도 맛있는 반찬으로 손이 '저절로' 갑니다. 왜 그럴까요? 지구보다 더 무거운 것이 똑같은 거리에 있으면 그리로 물체가 떨어지겠지요. 또, 다른 반찬에 대한 호감도가 더 크면 그리로 손이 가겠지요. 즉, 무겁거나 큰 쪽으로 '저절로' 쫓아갑니다. 이것은 막을 도리가 없습니다. 마찬가지로 우리 마음이 부처자리로 향하지 못하고 알음알이 쪽으로 '저절로' 쫓아갈 수밖에 없다면 알음알이가 더 크고 더 무겁기 때문입니다. 우리의 숙세의 업연業緣으로 말미암아 이 알음알이는 상상할 수 없을 정도로 그 세勢를 불려왔습니다. 당연히 무엇을 하건 이 세력에 눌려 알음알이를 떠날 수가 없는 겁니다.(물론 부처자리를 무게로 따질 수는 절대 없겠지만, 여기에서는 비유적으로 방편을 제시하기 위해 '무게'나 '크기'란 개념을 이용함.)

이 비유의 관점에서 보면 우리가 가야 할 방향이 보입니다. 지렛대의 원리를 빌어 설명한다면, 알음알이의 무게를 줄이고, 부처자리의 무게를 늘리는 것입니다.(그림 참조. 망념은 성품에 근거하므로 망념과 성품은 불가분의 관계이지만, 여기서는 망념과 성품의 관계를 설명하기 위한 방편으로 이 두 가지를 별개로 나타냄.) 부처님께서 8만4천 법문을 통해 수많은 접근방법을 말씀하셨지만, 참선 수행법은 깨침에 그 기조를 두고 있습니다. 깨침에 의해 알음알이의 무게를 줄이고, 깨침에 의해 참마음인 부처자리의 무게를 늘리는 것입니다. 이제까지 우리가 공부한 내용 중에서 제행무상諸行無常을 깨닫는다거나, 망념을 관하고 그 존재를 인정한다거나, 방하착한다거나 하는 것은 모두 깨침으로 알음알이의 무게를 줄인다고 볼 수 있습니다. 한편 우리 자신이 부처인 것을 믿는다거나 망념을 보고 있는 자리에 대해 참구하는 것도 깨침으로 부처자리의 무게를 늘리기 위한 것이라고 볼 수 있습니다. 결국 우리가 이제까지 공부한 것은 깨침으로 부처자리를 향하기 위한 수행방법이라고 할 수 있습니다.

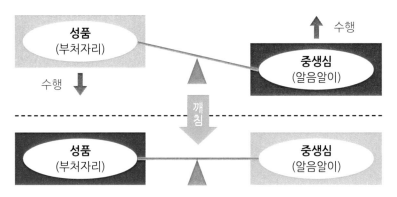

우리가 중생심에 사로잡혀 있다는 것을 지렛대에 비유함. 알음알이에 들어앉지 않기 위해서는 바른 정진을 통하여 부처자리의 비중을 높이고 알음알이의 비중을 낮추어야 함. 이렇게 함으로써 경계를 만나면 돌이켜 부처자리를 향할 수 있음.

◊ 돌이켜 향하는 곳

회광반조는 망념을 걷어잡고 되돌려 참나를 향하는 것입니다. 앞의 비유에 의하면 알음알이 무게를 줄이고 동시에 부처자리 무게를 더하는 것입니다. 어려워서 그렇지 이 수행법은 성품자리를 깨달아 가는 데 일석이조의 효과를 거둘 수 있습니다. 그러면 망념을 '걷어잡고' '되돌리는' 법에 대해 또 다른 시각에서 살펴보겠습니다. 첫째, 망념 혹은 경계를 바라본다고 하는데 오히려 망념이 더 많아진다든가, 아무 생각이 없어진다든가 하는 경험을 모두 했으리라고 생각합니다. 이것은 관하는 자가 있기 때문입니다. 만일 관하는 자가 있다면 이는 또 다른 망념이며, 망념을 관한다고 할 수 없습니다. 만일 망념을 관할 때 그 순간 망념이 사라져 버리면, 관하는 자 없이 관했다고 할 수 있습니다. 다시 말하면, 성품이 지혜로서 경계를 만났다고 할 수 있습니다. 이것이 바로 봄, 즉 정견正見입니다. 그러니, 자기는 경계를 관했다고 하는데, 망념이 그 즉시 사라지지 않는다면 잘못된 것입니다. 망념이 '가짜나'로서 한 짓입니다.

둘째, 경계를 만나 돌이켜 부처자리로 향하는 방법입니다. 그런데 문제는 부처자리가 어디에 있느냐 하는 겁니다. 이 문제의 답은 "없다", "모른다"일 수밖에 없습니다. 만일 답을 말할 수 있다면, 또 안다면, 우리가 이런 고생할 필요가 없습니다. 그러나 부처님도 선지식도 부처자리가 있다고 하십니다. 그 부처자리란 우리 중생심으로 본 부처자리가 아니라 불성으로의 부처자리이니 우리가 알 수 없습니다. 그렇지만, 그 말마디를 걸어잡고 그게 무언지 궁금해 할 뿐입니다. 이 주제에 대해서는 다음 공부에서 살펴보기로 하겠습니다.

하지만 사실 돌이켜 향하는 곳에 대해 논의한 적이 있습니다. 지난번 공부에서, 만일 망념이 보인다면 그 망념이 빈 것 가운데 있기 때문이라고 하였습니다. 즉, 망념과 빈 것空-虛空은 함께 있지만, 우리는 허공은 안 보고 망념만 봅니다. 망념과 허공을 함께 본다면, 망념을 걸어잡고 돌아갈 곳이 어디겠습니까? 그러나 이것을 절대로 알음알이로 이해하지 말고, "어머니가 안 계셨으면 지금 내가 어디에 있을까"하는 궁금한 마음으로 느낍시다.

경계를 만나 돌이키는 수행은 회광반조(비록 그 표현은 다양하지만)로서 우리 성품을 깨치기 위해 반드시 필요한 과정입니다. 많은 선지식들이 이 수행법으로 정진하셨고 또 하시고 계신다고 해도 과언이 아닙니다. 우리도 망념으로나마 열심히 돌이키다 보면, 점점 수행이 익어갈 것입니다.

아홉 번째 공부
- 궁구하라

회광반조할 때 돌이켜 돌아가는 자리가 있습니다. 그 자리가 바로 부처자리라는 것을 잘 알고 있습니다. 단지 이렇게 알고 있다는 것은 망념일 뿐이지만요. 그래서 이번 공부에서는 어떻게 돌이킬 것인지, 즉 어떻게 청정한 부처자리로 향할 것인지 살펴보기로 하겠습니다.

◊ 망념이 일어나는 '곳'

참나는 볼 수도 찾을 수도 없습니다. 그러나 망념이 있으므로 그 존재를 알 수 있습니다. 마치 나뭇잎이 흔들리는 것을 보고 바람이 부는 것을 알고, 바람이 불면 공기의 존재를 알듯이, 망념이 일면 망념을 만들어낸 존재를 짐작할 수 있습니다. 여기에서 망념이란 우리의 6식으로 인식하는 모든 것을 의미합니다. 따라서 6경을 만나 망념이 일어나면 그 순간 망념을 걷어잡고 이 망념에 의해 존재를 드러낸 부처자리로 돌이켜 향하여야 합니다. 예를 들면, 맛있는 음식을 먹어도, 멋있는 배우를 보아도, 복권에 당첨되어 기뻐도, 억울한 일을 당해도, 그러한 감정(망념)은 그대로 두고, 돌이킬 줄 알아야 합니다. 그러나 망념을 만나 돌이킨다는 것은 아무리 뜻이 좋고 굳세도 쉽지 않을뿐더러, 그렇게 의식적으로 애쓴다 하더라도 결코 오래 지속할 수 없다는 것은 뻔한 사실입니다. 그래서 망념을 만나 '저절로' 돌이킬 수 있도록 늘 노력하고 닦아나가야 합니다.

  망념을 관한다는 것은 보는 자가 있다는 것을 의미합니다. 그러나 이 "망념을 보는 자"는 볼 수도 없고 만질 수도 없고 알 수도 없습니다. 우리가 망념을 만나, 돌이켜 향하는 '자리'가 바로 망념을 보는 자일 것입니다. 그런데 이 자리는 볼 수도 없고 알 수도 없으니 없다고 할 수 있습니다. 한편 이 자리는 망념을 알아차리고 보고 있으니 없다고도 할 수 없습니다. 그러므로 돌이켜 향하는 이 자리는 있다고 할 수도 있고, 없다고 할 수도 있습니다. 없다고 하면 없고, 있다고 하면 있습니다. 이 말씀은 다시 되돌려 말한다면 "있다", "없다"를 떠난 자리라는 것입니다. 우리는 우리가 잘 안다고 믿고 있는 "있다" "없다"를 붙들고 이렇게 싸움을 하고 있는 것입니다. "있다 없다"는 없습니다. 이 말이 무엇을 뜻할까요? 저도 모릅니다. 그냥 골똘히 이 의문을 궁리해 봅시다.

◊ 어떻게 궁구할까

　이래서 궁구窮究하자는 것입니다. 아무리 보려고 해도, 또 알려고 해도, 볼 수 없고 알 수 없는 것을 무엇 때문에 보려고 하고 알려고 하겠습니까. 그냥 골똘히 "무얼까" 하고 의문을 걸어놓고 바라보듯 할 뿐입니다. 이것이 궁구입니다. 이것이 바로 회광반조하는 이유입니다. 이것에 더 이상 토를 달 것이 없습니다. 그렇지만 어떻게 궁구할 것인지, 이제까지 우리가 공부한 것을 걷어잡고 이 미션mission을 공략해 봅시다.

　우선 앞에서 언급한 바와 같이 망념을 만나 어떻게 저절로 돌이킬 수 있을지 살펴봅시다. 물론 수없이 많은 방법이 있겠지만, 한 가지 예를 보겠습니다. 우리가 지난 공부에서 알음알이나 망념이 보인다면, 그것이 있는 곳에 배경으로 반드시 '허공' 또한 있을 것이라고 하였습니다. 이때 망념에서 슬쩍 비켜설 수 있는 여유를 가져 봅시다. 그러면 망념을 볼 때 허공도 저절로 따라옵니다. 어떻게 망념이 일어날 때 돌이킬 수 있을지, 제 경험을 참고삼아 미진하나마 설명해 보겠습니다.

　지난 공부에서 살펴보았듯이 중생심과 부처마음을 대척점에 놓고, 지렛대의 원리를 적용해 봅니다. 물론 망념(중생심, 알음알이)과 부처자리(참마음)는 불가분의 관계로서 망념도 부처자리에 뿌리를 두고 있지만, 여기서는 망념을 걷어잡고 부처자리를 볼 수 있는 방편으로 이 두 가지를 별개로 간주합니다. 중생심이 너무 무겁고 부처마음은 가볍기 때문에 무게중심이 중생심 쪽으로 심하게 치우쳐 있어, 우리는 중생심, 곧 망념에서 벗어나지 못한다는 비유였습니다. 이 비유에서 이러한 불균형을 해소하려면 부처 마음자리를 무겁게 해야 합니다. 이를 위해서 망념을 만날 때 (의식적으로라도) 부처 자리를 생각해내고 무게를 실어준다는 느낌을 가져봅니다. 마치 거대한 돌탑을 쌓기 위해 돌 하나 올려놓는 느낌으로 접근할 수도 있겠습니다. 이 작용을 무리하지 않는 범위에서 지속적으로 시도해 봅니다. 그래서 이 느낌을 반복해서 쌓다 보면, 자신도 모르게 망념에 빠지는 경우가 적어지고, 망념에 부딪히면 동시에, 망념자리가 아닌 다른 자리를 생각하며 느낌의 무게를 줄 수 있게 됩니다. 이렇게 "다른 자리"의 느낌을 더해가다 보면 점점 그 무게가 커지게 되면서 망념도 집착하지 않고 대할 수 있게 됩니다. 그러다보면, 자연스럽게 "도대체 그 다른 자리라는 것이 무엇이지?"라는 느낌이 옵니다. 그렇게 마음 한 구석에서 의문이 피어납니다.

이러한 공부는 시간과 장소를 가리지 않고 할 수 있습니다. 그러나 어느 정도 궤도에 오르기 전까지는 규칙적으로 몸과 마음을 안정된 상태에서 하는 것이 좋습니다. 즉, 자리에 단정하게 앉아서 조용히 마음을 가라앉힙니다. 그러면 주위에서 소리도 들리고, 다리도 아프고, 이런저런 생각이 나타났다 사라지곤 합니다. 이때 이러한 생각은 모두 망념이므로, 여기에 들어앉지 말고 돌이켜 부처 자리에 무게의 느낌을 더해 갑니다. 최소한 하루에 한 번씩은 단 몇 분이라도 이러한 기회를 갖는 것이 중요합니다. 이 노력이 헛되지 않으면, 언젠가는 몸이나 마음이 움직이는 중에도 부처자리를 참구할 수 있게 됩니다. 물론 항상 이렇게 궁구할 수는 없지만, 일상생활을 하면서도 문득문득 돌이킬 수 있게 됩니다. 예를 들면, 먹고 마시면서도, 걸어가면서도, 얘기하면서도, 책을 읽으면서도 돌이키게 됩니다. 이 상태에서 불퇴전不退轉의 마음을 내어 정진한다면, 망념을 쓰면서도 부처자리를 꿰찰 수 있게 될 것입니다.

◊ 망념을 걷어잡고 부처자리 궁구

이제 부처님 말씀을 빌어 궁구의 길을 한번 더 살펴보겠습니다. 금강경에 보면 "(범소유상 개시허망凡所有相 皆是虛妄) 약견제상비상 즉견여래若見諸相非相 卽見如來"라는 구절이 있습니다. 번역하면 "(무릇 형상을 가진 모든 것은 허망하다.) 만약 모든 모습을 모습 아니라고 보면 곧 여래를 볼 것이다." 이 구절에 대한 해석은 여러 가지일 수 있겠지만, 백봉거사의 해설을 보면 다음과 같습니다. "… 우리들 중생의 진신眞身을 보려면 우리의 색신色身 밖을 향하여 보려고 하지 말고, 이 색신을 통해서 '아닌 색신'인 법신法身을 보아야 하지 않겠는가…" 다시 말하면, 망념을 걷어잡고 부처자리를 보아야 한다는 것입니다. 보이는 모든 것, 감각기관으로 받아들이는 모든 것, 생각하는 모든 것, 인식하는 모든 것 등을 만나면 거기에 머물지 말고 돌이켜 부처마음을 보라는 말씀입니다. 그런데 이 부처마음이 무언지는 우리 6식으로는 알 수가 없으니 답답하고 앞이 캄캄할 뿐입니다. 답답하지만 우리는 분명한 목표가 있어 물러날 수가 없습니다. 배고픈 늙은 쥐가 두꺼운 쌀뒤주를 쉬지 않고 긁어 쌀을 얼듯이 이 문제를 끝까지 풀어가야 합니다.

그래서 우리는 끊임없이 궁구할 수밖에 없습니다. 우리가 하루 종일 부딪히는 모든 것이 망념일진대, 망심이 일 때마다 돌이켜보면 앞으로는 천길 솟아오른 절벽이요 뒤로는 만길 낭떠러지요 옆으로는 캄캄한 암흑 구덩이니 어찌 하겠습니까. 그 자리에 서서 어떻게 저 허공으로 날아오를지 궁구하여 봅시다.

마지막 공부
– 깨어있음

지난 공부에서 망념에서 돌이켜 부처자리를 궁구하는 태도에 대하여 논의하였습니다. 또 부처마음의 참구를 효과적으로 하기 위한 방법에 대해서도 예를 들어 말씀드렸습니다. 이번 공부에서는 이러한 목표를 보다 실질적으로 성취하기 위한 방법을 살펴보겠습니다. 대개 참선을 대하면 가장 먼저 떠오르는 것이 화두라고 생각합니다. 때문에 화두에 대해서도 잠시 말씀드리겠습니다.

◊ 부처마음의 참구 - 예

　우리는 온갖 경계를 만나 알음알이를 짓게 되지만, 망념인 알음
알이에 머물지 않고 돌이켜 참나로 향합니다. 참나인 부처자리는
항상 뚜렷하게 깨어있습니다. 깨침은 '깨어있음'에서 이루어질 수
있습니다. 따라서 깨어있는 상태에서 부처마음을 참구하여 나가
야 하겠습니다. 다음에서는 이러한 참구의 사례를 들어 보임으로
써 참선할 때의 마음가짐을 설명하겠습니다. 물론 아래의 예는 저
의 경험에 기초한 것일 뿐 사람마다 접근방법이나 경험이 다를 것
입니다.

　부처마음을 참구하는데 있어 기초적인 접근방법은 앉아서 하는
좌선일 것입니다. 그런데 좌선하려고 앉아 있으면 우선 문제되는
것이 다리가 아파오는 것입니다. 그 다음은 졸음입니다. 다리가 아
픈 것은 참다 보면 익숙해져서, 결심을 굳게 하고 열심히 하다보면
머지않아 극복할 수 있을 것입니다. 그런데 졸음은 그렇지 않습니
다. 졸린데 방법이 없습니다. 잠을 충분히 잔다면 졸리지 않을 것
같은데 그렇지 않습니다. 졸음을 망념으로 치자면 선禪수행에 있
어 난제難題 중의 난제입니다. 그러나 이 졸음 문제는 꼭 해결해야
하며, 이것을 해결한다면 하나의 난관을 돌파하는 셈입니다.

　졸음도 일종의 망념으로 간주할 수 있으므로, 다른 망상에 대한
대처법과 다를 것이 없습니다. 지난 공부에서 든 예를 원용援用하
여 설명하자면, 지렛대의 비유에서와 같이, 졸음이란 망념에 들어
앉지 말고 부처자리로 돌이켜 무게를 더해가는 느낌으로 마음을

모읍니다. 하지만, 다른 망상과 달리 졸음이란 엄청난 무게(?)로 덮쳐오므로 자칫하면 졸음에 압도당해 버립니다. 졸음에 반대되는 말이 '깨어있음'입니다. 따라서 졸음이 오면 일단 깨어있으려 노력해야 합니다. 그냥 깨어있으려 하는 것이 아니라 졸음과 졸음의 배경을 관하면서 그 자리에서 '깨어있음'에 힘을 싣습니다. 이것은 절대 억지로 하면 안되며, 차분하게, 그러나 대장부의 군건한 마음가짐으로 졸음을 만날 때마다 물러서지 않고 행하여야 합니다. 여기에서 졸음의 배경이란, 졸음도 망념이므로 이 망념이 있기(혹은 보이기) 위해서 반드시 있어야 되는 요소입니다. 앞의 공부에서 언급한 바와 같이, 물체가 보이려면 그 주위는 그 물체와는 다른 것으로 이루어져 있어야 합니다. 졸음도 그것이 들어있는 '곳'(혹은 '배경')은 졸음이 아닙니다. 졸음을 볼진대, 이 '배경'도 함께 보아야 하겠습니다.

열심히 게으름피지 않고 계속 노력하다보면, '깨어있음'을 만나 졸음이 사라져 버리게 됩니다. 이것은 매우 소중한 경험입니다. 그렇다고 이 깨어있음에 머물러 있으면 안됩니다.(머물러 있을 수도 없지만요.) 왜냐하면, 이 또한 진짜 부처마음이 아니기 때문입니다. 그냥 그렇게 느낄 뿐입니다. 대신 이 깨어있는 자리가 무엇인지 궁금해 하는 등의 간절한 마음을 가져야 합니다. 마치 추리소설을 읽다보면 범인이 누구일까 궁금해 하는 것과 같습니다. 이 경험은 올바른 경험이며 공부를 계속하는데 중요한 계기를 제공합니다.

◊ 참선수행을 위한 방편 - 예

　망념을 알아차리고 돌이키는 자리는 깨어있는 자리입니다. 진정 깨어있게 되면 다른 망념이 끼어들 여지가 없습니다. 그러나 이미 깨친이가 아니라 수행하는 사람의 입장에서 보면, 계속 깨어있는다는 것이 매우 어렵습니다. 망념이 그냥 끼어들기 마련입니다. 그렇지 않으면 아무 생각이나 작용없이 멍하니 있게 됩니다. 그래서 계속 깨어있으며 궁구할 수 있는 방편을 강구하여야 합니다. 참선수행을 위한 방편으로 세 가지의 예를 들어 보겠습니다.

　첫 번째 방편의 예로, 초심初心에 의지하는 것입니다. 우리가 참선을 하겠다는 마음을 냈을 때는 그 이유가 있었을 것입니다. 주위의 가까운 사람들의 죽음을 보고 "죽음이란 무엇인가?", 자신이 살아온 과거를 돌아보며 "산다는 것이 무엇인가?", "나는 누구인가?" 등등, 무엇엔가 걸려들었으니 참선수행의 발심發心을 하였을 것입니다. 발심의 계기가 된 바로 그 초심을 화두로 삼아, 그 의문을 풀기 위해 궁구하여도 될 것입니다. 단, 여기에서 화두란 단어를 넓은 뜻으로 해석하여, 올바른 참선수행을 위해 절실한 의문을 품게 만드는 모든 계기를 의미합니다.

　두 번째 방편의 예로, 우리는 이미 부처마음자리를 밝히신 선지식의 도움을 받을 수 있습니다. 가장 대표적인 예로서 다음과 같은 조주스님의 말씀이 있습니다. 어떤 스님이 하루는 조주스님에게 "개도 불성이 있습니까?"하고 여쭈었답니다. 그러자 스님께서는

"무無!"라고 대답하셨답니다. 석가모니 부처님께서는 모든 살아 움직이는 생명체가 불성이 있다고 말씀하셨는데, 조주스님께서는 없다無고 말씀하셨습니다. 왜 그래셨을까요? 이것이 유명한 '무자無字' 화두입니다. 이렇게 조주스님의 무無란 말씀을 가지고, "왜 그럴까" 하고 궁금해 하는 것은 조주스님의 뜻을 살피는 것이고 또 부처자리를 궁구하는 것입니다. 이것을 통상 "화두를 든다"고 말합니다. 즉, 화두를 든다는 것은 선지식의 말씀이 무슨 뜻인지 몰라 일어나는 의심을 품고 그 뜻을 궁구하는 것을 말합니다.

그런데 이러한 화두를 들기 전에 선행되어야 하는 것이 있습니다. 선지식의 말씀(화두)에 제대로 '걸려들어야' 하는 것입니다. 마치 석가모니 부처님께서 왕자 시절에 성밖에 나가 생로병사에 고통받는 사람들을 보고 "생로병사에 걸려드신" 것과 마찬가지입니다. 그래서 부처님께서는 "생로병사란 무엇인가" 하는 의문을 놓지 않으시고 수행하시지 않았을까 상상해 봅니다. 또 육조 혜능 스님은 금강경의 한 구절인 "응무소주應無所住 이생기심而生其心"[응당 머무는 바 없이 마음을 내라]에 걸려드셨다고도 볼 수 있습니다.(물론 그 당시 생로병사나 응무소주가 화두라고 불리지는 않았지만, 오늘날의 관점에서 보면 이것들도 화두로 볼 수 있다고 생각합니다.) 그러나 문제는 화두에 철저하게 걸려든다는 것은 보통의 인연으로는 매우 어렵습니다. 마치 보통 사람들은 생로병사의 고통을 목격하거나 경험하여도, 부처님과는 달리 거기에 걸려들지 않는 것과 같습니다.

이러한 접근방법을 간화선看話禪이라 부릅니다. 간화선이란 오래전 중국불교에서 대혜 종고스님을 효시로 하여 시작된 참선 방법으로서 화두(선지식 말씀의 요체)를 잘 관찰하고 헤아려서 깨달음에 도달하는 길을 제시하고 있습니다. 우리나라에서도 많은 선지식들이 이 참선법에 의지하여 공부하였으며, 오늘날 조계종단에서도 대부분 간화선을 중심으로 수행하고 있습니다.

세 번째 방편의 예는 경계를 마주하면 그 즉시 돌이켜 그 알아차린 자리에 의지하는 것입니다. 이 돌이킨(알아차린) 자리는 사실 이름도 붙일 수 없고 알 수도 없는 '곳'입니다. 그렇지만 그 자리를 느껴 보려고 하십시오. 그렇게 느낌이 오면, 그 느낌을 다시 돌이켜 알아차립니다. 이 과정을 "알아차림을 알아차린다"라고 표현할 수 있습니다. 이러한 알아차림을 (필요하다면) 여러번 반복해도 좋습니다. 이렇게 열심히 노력하다 보면 마음이 안정되고 집중되면서 순수한 알아차림의 상태를 경험할 수 있을 것입니다.

특히 현대 문명사회의 환경에서 살아가고 있는 우리들에게는 너무나 많은 외부로부터의 자극, 즉 경계에 시달리고 있습니다. 그러므로 가만히 앉아 좌선에 의지하는 것도 좋겠지만, 바쁘게 나타나는 외부 자극을 역으로 활용할 필요가 있습니다. 위에서 설명한 바와 같이 돌이키는 방법을 시시각각 마주치는 경계에 적용할 수 있습니다. 어떤 외부 자극이나 내부의 감정/생각 상태에 맞닥뜨릴 때마다 그 즉시 돌이켜 알아차리려고 노력합니다. 처음에는 어쩌다 한번 가능하겠지만, 계속 노력한다면 더 자주 돌이키게 되고 자신의 내면을 바라볼 수 있는 기회가 많아질 것입니다. 또 알아차림의 상태를 경험하게 되면 더욱 활발하게 돌이킬 수 있을 것입니다. 이러한 참구 방편을 백봉거사는 '새말귀[신화두 新話頭]'라고 부릅니다.

◊ 깨달음을 위한 바른 길

깨어있음은 망념을 벗어버리면 나타나는 것이라고 할 수 있습니다. 깨어있음과 망념은 함께 있는데, 망념에 가려 깨어있음이 보이지 않다가 망념이 벗겨지면 깨어있음이 보이게 됩니다. 마치 구름에 가려져 푸른 하늘이 보이지 않다가, 구름이 사라져 버리면 푸른 하늘을 볼 수 있는 것과 같습니다. 지렛대 비유로 말하면 망념이 가벼워져 더 이상 부처마음을 누를 수 없으면 저절로 부처마음이 나타날 것입니다. 또 졸음의 예에서 보면, 졸음이라는 망념이 사라지면 깨어있음은 그대로 보일 것입니다. 간화선의 예에서 화두의 참구는 이렇게 망념이 사라지고 부처마음이 깨어나게 할 것입니다.

부처마음자리의 깨침은 이렇게 접근해갈 수 있습니다. 물론 부처님의 팔만사천 법문처럼 다양한 접근방법이 있습니다. 그러나 우리가 깨어있게 된다고 하여 즉시 깨달음의 경지, 즉 모든 망념을 쉬게하고 부처자리를 드러내는 경지에 도달할 수가 없습니다. 그래서 깨어있기까지, 또 깨칠 때까지 우리는 부지런히 그리고 꾸준히 바른길을 걸어야 합니다. 바른길이 아니면 절대 안 됩니다.

바른길이란 실제로 원하는 목표로 인도해주는 길을 말합니다. 이제까지 우리가 공부한 내용 - 사물을 바로 보고, 망념에 들어앉지 말고, 참나를 믿고, 부처마음을 궁구함 - 을 꾸준히 닦아나가는 것은 바로 이미 많은 선지식께서 증명하여 보이신 "올바른 수행"이라고 할 수 있습니다. 혹시 이 바른 길이 보이지 않는다거나 어렵다고 해서 포기한다면, 이는 마치 집에 가는 길이 안개에 가려 당장 보이지 않는다고 집에 돌아가는 것을 포기하는 것과 같습니다. 열심히 안개를 뚫고 집으로 돌아가야 되지 않겠습니까? 언제까지 객지에서 이 고생 저 고생, 이 눈치 저 눈치 보면서 살겠습니까?

나는 이제 더 이상 내가 아닙니다. 그렇지만 나는 나이기 때문에 나를 찾아야 합니다. 나 아니면 누가 나를 찾아주겠습니까? 이제까지 재주 부리면서 한껏 즐겨온 인생은 남의 인생입니다. 그게 내 인생이라면 어디 한번 어제 얘기했던 말 한마디만 고쳐 보세요.

참선 공부를 마치며

저는 한때 "왜 스님들이나 수행자들이 그토록 많은 시간과 노력을 기울이는데도 자신의 성품을 보지 못하는 경우가 많을까?" 하고 의아하게 생각하였습니다. 옛 말씀에 의하면 상근기上根機는 사흘, 중근기中根機는 세 달, 하근기下根機는 삼 년이면 견성할 수 있다고 하셨다는데, 그럼 옛사람들이 거짓말을 하신 걸까요? 만일 이 말씀이 사실이라면, 참선 수행자들이 바른 마음가짐을 갖게 되는 변화를 경험하는 최소한의 깨침에도 이르지 못하는 이유는 명백합니다. 방향을 잘못 잡았다는 것입니다. 목적지에 다다르는 "바른 길"을 가고 있지 않다는 것입니다. 이 문제에는 다양한 원인이 있겠지만 이 시대의 수행자들이 바르게 이해하고 의지할 수 있는 길라잡이가 부족하다는 것이 가장 큰 이유라고 생각합니다.

저는 우연한 기회에 행운이 찾아와 그 "바른 길"을 만날 수 있었습니다. 우리 시대의 선지식이셨던 백봉거사[백봉 김기추 거사(1908-1985), 법어집 『도솔천에서 만납시다』, 세계사, 1996]의 말씀을 읽고 듣고 하면서, 바른길에 대한 믿음을 키울 수 있었습니다. 그리고 비록 얄팍한 공부와 경험이었지만, 그 결과, 우리의 부처자리를 맛본다는 것이 그렇게 복잡하고 어렵거나 멀리 있지 않다는 사실을 '알게' 되었습니다. 그래서 감히 이렇게 여러 번에 걸쳐 작은 주제들을 내걸고 참선 공부를 위한 글을 쓰게 되었습니다. 보통 사람들이 이 글에서 사소한 힌트라도 얻어, 마음자리를 깨쳐 가는 데 도움이 될까 해서였습니다. 그러나 두려운 것은, 이 글이 또 다른 망념을 생산하거나 오해를 유발시켜, 참선의 첫발을 내딛는 사람들에게 더 큰 짐을 지우고 바른길에서 멀어지게 하는 것이 아닌가 하는 점입니다. 부처님께서는 당신께서 살아생전에 하신 말씀이 하나도 없다고 선언하셨는데, 저야 오죽하겠습니까. 제 글을 읽으신 후 이해가 되셨다면, 그 즉시 마음에서 지워버리시고 그 뜻만 취하시기 바랍니다. 제 글을 걷어잡고, 새로운 경험을 할 수 있으시다면, 저에게는 그 자체로 과분한 성취가 아닐 수 없습니다.

우리는 하루하루를 살아가며 무언가 만들고 허물고를 되풀이하고 있습니다. 인과의 사슬과 인연의 굴레에 묶인 채 시간의 수레바퀴를 굴리고 있습니다. 대부분의 사람들은 그 속에서 희로애락을 벗 삼아 순간순간에 매여 지내고 있습니다. 그러나 우리가 참선공부에 매진한다는 것은 이 문제를 조금이나마 해결해 보고자 노력하고 있는 것입니다. 참으로 대단한 일입니다. 새장에 갇힌 새가 자신이 새장에 갇힌 줄 알고 창공을 날고 싶다는 희망을 갖는다는 것은 크나큰 인因을 짓는 것입니다. 마찬가지로 우리가 참선공부를 하며 모든 질곡에서 벗어나 진정한 자유를 찾겠다는 것도 큰 선인善因을 쌓는 일입니다.

이제 초심으로 다시 돌아갑시다. 우리가 참선공부를 하는 이유는 복 받고, 극락 가고, 고통 없이 살자는 데 있지 않습니다. 오직 인생문제를 해결하자는 것입니다. 인생문제 중에 생사문제만큼 중요한 것이 어디 있겠습니까? 살아서도 자기 마음대로 하지 못하는데, 죽어서는 오죽하겠습니다. 내가 만들어 놓은 올가미에 묶여, 이리저리 끌려 다니다가 덧없이 불 속이나 흙 속으로 사라지겠습니까? 이 때문에 우리 앞엔 정말 중요한 공부가 남아 있습니다. 참선공부 열심히 하여 부디 자신의 부처마음을 드러내고, 모두 함께 걸림없는 대자유大自由를 누려 봅시다.

참선의 실참實參

생각에 머물러 보기 - 골똘히 생각하기

몸안을 바라보기內觀 - 숨쉬기에 집중하기

마음을 의식하기 - 내가 생각하고 있음을 알기

깨어있기(1) - 순간순간 오감과 함께하기

깨어있기(2) - 오감을 받아들이는 생각과 함께하기

깨어있기(3) - 오감에 대한 의식의 끈을 유지하기

알아차림(1) - 생각의 움직임을 의식하기

알아차림(2) - 돌이키기

돌이킴에 머물기

참선 실참實參에 들어가며

　참선이란 우리가 우리의 본래 자리를 돌이키는 데 있어 반드시 거쳐야 되는 과정입니다. 참선 없이 깨침도 없습니다. 왜냐하면 참선은 본래 자리인 청정본심, 부처 마음자리, 진리와 통하는 길이기 때문입니다. 다시 말하면, 진리와 통하는 과정은 (넓은 의미에서) 모두 참선이라고 할 수 있습니다. 그러므로 참선은 선택이 아니고 필수입니다. 그러나 참선의 방법은 한없이 많습니다. 이것이 문제입니다. 참선 방법을 아무리 단순화한다 하여도, "이것만이 참선 방법이다"라고 할 수는 절대 없습니다.

　그러나 다행히도 우리는 무한한 시공時空 가운데서 지금 여기에 함께 살고 있습니다. 그렇기 때문에 우리가 이해하고 행할 수 있는 참선 방법도 상당히 좁은 범위에서 생각할 수 있습니다. 우리의 살아온 배경이 비슷하고, 현재 처해있는 환경도 대동소이하다고 생각이 되기 때문에, 나름대로 공감대가 어느 정도 형성되어 있다는 것이 큰 도움이 될 것입니다.

그래서 저는 이번 기회에 제 나름대로의 참선 방법을 제시하고자 합니다. 물론 제가 체험한 참선의 수행과정은 저한테만 해당되는 것일지 모르겠습니다. 그러나 다른 분들과 제가 크게 다르지 않다는 가정 하에서 보면 저의 체험을 바탕으로 참선수행을 시작하는 것도 마중물의 효험이 있지 않을까 생각합니다.

다음에 보일 참선 방법은 제가 체험한 것 그리고 간접적으로 얻은 지식과 또 다른 분들과 교감해온 경험을 바탕으로 한 것입니다. 각각의 항목과 순서는 개인차에 따라 달라질 수도 있고 해서, 크게 중요하지 않습니다. 한 가지 한 가지를 충분히 체득될 때까지 수련할 수도 있고, 반대로 여러 개를 반복적으로 수행하면서 깊이를 더해 갈 수도 있습니다. 즉, 자기 자신에게 알맞은 수행방법을 택하면 될 것입니다. 그러나 명심할 것은 공부와 노력을 게을리하면 안 된다는 것입니다.

생각에 머물러 보기
- 골똘히 생각하기

　우리는 바쁘게 살아가고 있습니다. 더 바쁜 것은 우리의 생각입니다. 한시도 쉴새없이 생각은 움직이고 있습니다. 아침에 일어나서부터 잠자리에 들 때까지 우리 생각은 쉬지 않습니다. 잠잘 때는 꿈이 생각을 대신합니다. 어쩌다 생각을 쉬어봤으면 좋겠는데, 생각을 하지 않는다는 것, 생각을 쉰다는 것이 그렇게 호락호락하지 않습니다. 그래서 최소한으로 생각이 움직이는 것을 붙들어 매어 보면 어떨까 합니다.

　우리가 어떤 문제나 사물 등에 대해서 골똘히 생각하게 되면, 그 생각 이외에는 다른 생각을 하지 않게 됩니다. 그러므로 무엇에 대하여 골몰하게 되면, 다른 생각 없이, 한 생각에 머물게 될 것입니다. 사실 이것도 어릴 때는 잘 되었는데, 나이가 들면 산만해져서 그렇게 쉽게 되지는 않습니다. 그래도 조용히 앉거나 움직이지 않으면서 한 가지를 골똘히 생각해 보십시오. 감정이 개입되지 않을 대상을 선택하여 생각하십시오. 그래도, 연상聯想이 꼬리를 물고 일어날 수 있습니다. 대상과 관련된 연상이 일어나면, 그냥 하십시오. 그러나 그 대상을 떠나지는 마십시오. 항상 대상은 잊지 말고, 연상이 일어나면 일어나나 보다 하고 있으십시오.
　예를 들면, 봄에 한창 피어나는 개나리꽃을 생각할 수 있습니다.

그래서 개나리꽃을 골똘히 생각하다 보면, 개나리꽃 옆에 있었던 강아지가 생각날 것입니다. 그 강아지 생각은 자연스러운 것입니다. 가만히 두십시오. 그러나 개나리꽃은 잊지 마십시오. 잠시 잊었다면, 다시 생각해내어 개나리꽃에 가만히 생각을 얹어놓으십니다. 그렇게 조용히 개나리꽃을 생각하고 있으십시오. 잠시 개나리꽃에 대한 생각을 잊어도 괜찮습니다. 다 그런 거니까요. 그러나 개나리꽃으로 돌아가려는 노력에서 멀어지면 안 됩니다.

이러한 명상에 의해서 마음이 가라앉게 되고, 바깥 세계가 아니고 좀 더 안쪽의 세계에 가까워질 수 있게 될 것입니다. 또, 부처님의 팔(8)정도의 하나인 정정正定의 길에 접어들 수 있는 기회가 될 것입니다. 일단 이 단계에서는 골똘히 하나의 대상을 생각해 보기로 합시다.

생각은 위대한 도구입니다. 이 도구를 잘 활용하는 것은 인간만의 특권입니다. 절대 생각을 내치지 마십시오. 때가 되면 저절로 물러갈 것입니다.

몸안을 바라보기內觀
– 숨쉬기에 집중하기

   마음을 붙잡아 두는 데 가장 손쉬운 방법이 자신의 숨쉬는 동작에 집중하는 것입니다. 숨을 들이쉬고 내쉬는 상태에 마음을 둡니다. 즉, 숨쉬는 모습을 가만히 지켜봅니다. 그 요령은 다음과 같습니다.

   긴장을 풀고 편한 자세로 앉습니다. 눈을 살짝 감습니다. 그리고 숨쉬기에 의식을 집중합니다. 우선 숨이 아랫배로 모이는 것을 느끼거나 지켜봅니다. 물론 아랫배가 천천히 바깥쪽으로 움직여 가겠지만, 이 움직임에 그리 신경쓸 필요는 없습니다. 숨이 팔구십 퍼센트 차게 되면 가만히 멈춥니다. 그리고 이제 숨을 내쉬면서 숨이 아랫배에서 나가는 것을 느끼거나 지켜봅니다. 아랫배의 움직임은 개의치 마십시오. 숨이 팔구십 퍼센트 나가게 되면 가만히 멈춥니다. 그리고 다시 숨을 들이쉬는 동작을 반복합니다. 이렇게 숨이 들고 나는 것을 조용히, 긴장을 풀고 지켜봅니다.

   숨을 쉴 때, 절대로 억지로 하면 안 됩니다. 숨이란 저절로 들어왔다 저절로 나가는 것입니다. 즉, 지극히 수동적인 상황입니다. 처음에는 숨이 불완전하게 아랫배를 채우거나 비울 것입니다. 들어오다 말거나, 나가다 말거나, 혹은 답답하고 숨이 고르지 않게 될지도 모릅니다. 그럴수록 마음을 가라앉히고, 긴장을 푸십시오.

그리고 숨이 들고 나는 것을 가만히 관觀하십시오.

이렇게 숨쉬기에 집중하다 보면, 마음이 가라앉고, 생각이 적어지고, 안으로부터 힘이 솟구치게 됩니다. 물론, 딴 생각을 하느라 숨쉬기를 잊을 수도 있습니다. 그러나 잊고 있는 동안에도 분명히 숨은 쉬고 있습니다. 그러니 딴 생각이 잠시라도 쉬게 되면, 그 틈에 숨쉬기를 쉽게 알아차릴 수 있게 되어, 다시 숨쉬기에 집중할 수 있게 됩니다. 그래서 숨쉬기를 이용하여 생각을 쉬게 하는 것이 마음을 집중하는 데 효과적인 방법일 것입니다.

이 방법은 부처님의 가르침인 위빠싸나와 같습니다. 이렇게 숨쉬기에 집중할 때, 이 숨쉬기를 지켜보는 '놈' 혹은 알아차리는 '놈'은 무엇인지 또는 누구인지 궁금하게 생각해 보는 것도 재미있을 것입니다. 즉 숨쉬기를 지켜보는 주체를 의식한다는 것은 깨어있다는 말입니다. 숨쉬기를 지켜보면서 동시에 깨어있는 상태가 '나'가 아니면 누구이겠습니까. 그렇지만 내가 알고 있는 '나'는 아닙니다. 알지 못합니다. 마찬가지로, 여기에서 보인 내관內觀에 의한 참선에서 관하고 있는 주체는 알 수 없습니다. 그냥 가만히 보여지는 것을 느끼고 있으면 됩니다. 또, 수식관數息觀에서와 같이 호흡의 수를 세어가면서 숨쉬기를 지켜보는 것도 좋은 방법입니다.

마음을 의식하기
– 내가 생각하고 있음을 알기

　마음이란 가만히 있는 적이 없습니다. 생각이란 차를 타고 사방으로 움직여 다니고 있거나, 오욕칠정五慾七情의 회오리에 실려 정처없이 휘둘려 다니고 있습니다. 이렇게 마음이 움직이고 있다면, 또 그 사실을 알고 정신을 차려 깨어있다면, 그 움직임을 포착하기란 그리 어렵지 않을 것입니다.

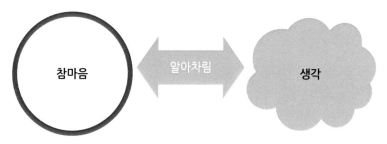

주의: 우리의 마음을 절대로 이렇게 그림으로 표현할 수 없으나 알아차림의 작용을 보이기 위한
　　　방편으로 이 그림을 보임

　일단, 우리 안에 참마음이 있다고 가정합시다. 이 참마음은 청정본심, 부처자리, 해맑쑥한 마음, 맑은 의식 등으로 불립니다. 그래서 우리의 생각을 바라보거나 알아차릴 수 있는 주체가 있다고 가정합니다.(실명을 위해 여기에서 가정만 하는 것이지, 있다는 생각을 실제 하면 안 됩니다. 이 생각도 생각일 뿐입니다.) 그리고 생각을 할 때, 이를 알아차리고 대상으로서 관찰합니다. 이 관찰은 순간적입니다. 즉 알아차림

은 순간적으로 이루어지고, 그 다음은 대상인 생각이 사라져 버립니다. 이것은 자신의 마음을 의식한 것입니다. 자신이 생각하고 있다는 것을 '알아버린' 것입니다.

순간적으로 자기의 생각을 알아채고 나서는, 그 알아챈 상태를 유지하도록 노력하십시오. 아마, 처음에는 순간의 알아챔이 그냥 순간으로 끝나버리고, 또 다른 생각이 밀려들 것입니다. 이것은 당연한 것이고, 자연스런 것입니다. 그러면, 나타난 생각을 다시 알아차리도록 하십시오. 전에 어떻게 생각을 알아차렸는가 하는 것은 잊어버리십시오. 늘 새로운 게임이 벌어지고 있고, 과거의 경험은 새 게임과는 아무런 관계가 없습니다. 순간순간 새로운 알아차림만이 있습니다.

일반적으로 참선수행에 도움이 될 비유를 하나 들어 보겠습니다. 우리가 지리산 천황봉에 오르기 위해 여행을 떠난다고 합시다. 서울에서 출발하여 목표인 천황봉에 오르기 위해서는 수없이 많은 길이 있습니다. 그 중에 하나의 길을 택하여 나아갑니다. 길을 가다 보면 예측할 수 없이 많은 일들을 경험하고, 수많은 장소를 거치게 됩니다. 그렇지만 천황봉에 도착하기 전에는 어디고 간에 천황봉이 아닙니다. 길을 가다가 천황봉과 비슷하게 생긴 봉우리를 오를 수 있습니다. 만일 그 봉우리가 천황봉이라고 생각하고 주저앉는다면, 그건 크게 잘못된 일입니다. 또 천황봉에 오르고 나서 보면, 천황봉은 더 이상 보이지 않을 것입니다. 비록 우리가 천황봉을 멀리서 보았다 하더라도, 목표에 도달한 것은 아닙니다. 그리고 천황봉은 보였다가 구름 속에 사라지기도 하고, 다른 산에 가려 보이지 않게도 될 것입니다. 그렇지만 일단 천황봉을 보게 되면, 즉 경험하면, 천황봉의 존재를 믿고 확신을 얻어 계속 목표를 향해 나아갈 것입니다.

위의 비유에서 두 가지를 알 수 있을 것입니다. 첫째, 우리가 목표를 향해 가는 도중에 부딪치는 어떠한 경험도 최종 목적지에의 도착을 의미하는 것이 아니라는 사실입니다. 둘째, 만일 목표를 경험한다면, 그것은 끝이 아니고, 이제 올바른 믿음을 바탕으로 새로운 정진이 시작되어야 한다는 것입니다.

깨어있기(1)
– 순간순간 오감과 함께하기

이번에는 깨어있는 연습을 하겠습니다. 우리가 잠자거나 졸지 않고 있으면 깨어있다고 할 수 있습니다. 즉, 뇌가 생각을 통하여 활동하고 있으면 깨어있다고 합니다. 그런데 이번 기회에는 좀 색다르게 깨어있는 상태를 만나보겠습니다.

우리는 늘 주위의 환경과 조우하고 있습니다. 외부로부터의 자극은 6경[六境, 색성향미촉법]으로서, 6근[六根, 안이비설신의]과 작용하여 "우리에게" 전달됩니다. 여기에서는 앞의 다섯 가지 경계, 즉 빛깔, 소리, 냄새, 맛, 닿음 등 오감五感에 대한 자극을 의식 대상으로 삼겠습니다.

눈을 살짝 감고 아무 생각 없이 조용히 앉아있으면, 주위의 갖가지 자극과 부닥칩니다. 시계 가는 소리도 들리고, 부엌에서 만들고 있는 음식의 냄새도 맡게 되고, 파리가 팔 위를 기어가는 것도 느끼고, 비록 눈은 감고 있지만 파리 모습도 떠오릅니다. 이렇듯, 가만히 앉아있다 보면 별의별 자극이 다 외부로부터 들어옵니다. 이러한 자극을 그때그때 순간순간 받아들입니다. 이때 그 자극에 머물러 있지 말고 계속해서 새로운 자극을 느낍니다.

시계소리가 똑딱하고 나면, 그것을 듣는 즉시, 새로운 자극을 받아들일 준비를 합니다. 똑딱하는 시계소리 직후에 아마 맛있는 음식 냄새를 맡을 수 있을 겁니다. 그러면 그 냄새를 맡고, 다시 새로운 자극을 받아들일 준비를 하자마자, 이제는 팔 위를 기어가는 파리의 감촉을 알아챌 것입니다. 이렇게, 오감을 통하여 감지하는 바를 순간순간 느끼고, 그 느낌을 떠나 새로운 감각에 대비하십시오. 만일 아무런 외부 자극을 느낄 수 없다면 그냥 준비한 상태로 있도록 노력하십시오.

이 상태가 깨어있는 상태입니다. 오감으로부터 들어오는 갖가지 자극을 빼놓지 않고 알아차리고 있는 상태가 바로 깨어있는 상태입니다. 물론 자극이 없을 때 조용히 머물러 있음을 알아차린 상태도 깨어있는 상태입니다.

진정으로 깨어있는 사람은 텅 비어있지만 온 우주를 삼키고 있습니다. 태풍이 불어와도, 거친 파도가 밀려와도 항상 그 자리에 있습니다. 이제 다만 1초라도 좋으니 꿈꾸지 말고 깨어 있읍시다.

깨어있기(2)
– 오감을 받아들이는 생각과 함께하기

오감으로부터 들어오는 자극은 생각을 통하여 전달됩니다. 예를 들면, 우리가 앞에 놓인 사과를 보는 과정을 설명해 보면, 우선 사과라는 경계를 눈으로 받아들이고, 눈에 맺힌 영상을 생각을 통하여 해석하게 됩니다. 그 생각은 과거의 경험과 업식業識의 영향을 받고 있습니다. 그래서 똑같은 사과를 똑같은 시간과 장소나 환경에서 바라보아도, 사람마다 그 해석이 달라지게 됩니다. 누구는 사과를 보고 먹음직스럽다고 생각할 것이며, 다른 누구는 값이 얼마나 할까 하고 생각할 것입니다. 그러나 이렇게 각각 다른 해석을 하는 것은 중요하지 않습니다.

대신에 오감으로부터의 자극에 따라 일어나는 생각과 함께하십시오. 생각이 꼬리를 물고 일어나도, 계속해서 잊지 말고 생각과 함께하도록 노력하십시오. 단, 생각과 함께하되, 생각에 몰두하지는 마십시오. 생각과 함께한다는 '사실'을 느끼십시오. 그저 바라보십시오. 따라서 생각과 함께하는 것은 깨어있지 않고는 불가능할 것입니다.

그런데 문제는 생각과 함께하면서, 이 사실을 잊어버리고 그냥 생각에 푹 빠져버리는 것입니다. 즉, 경계에 부딪히며 촉발된 생각에 들어앉아 버리는 경우입니다. 이러한 상태를 경계하여야 합니다. 깨어있으면서 생각과 함께하십시오. 깨어있음과 생각과 더불어 있는 것은 별개의 상태가 아니고, 한가지입니다.

앞에서도 언급했듯이, 생각과 함께하는 것을 알아차리는 것은 순간적으로 일어납니다. 그런데, 순간이라는 것은 시간의 길이가 매우 짧다는 것이 아닙니다. 순간은 시간이 제로입니다. 즉 시간이 존재하지 않습니다. 그렇다면, 시간이 존재하지 않는 상태에서 생각을 느끼려면, 함께하는 수밖에 없습니다.

그래서 주主가 객客이 되고, 또 객이 주가 됩니다. 하나가 됩니다. 그 자리에는 깨어있음과 알아차림만이 우뚝 솟아있을 뿐입니다.

깨어있기(3)
- 오감에 대한 의식의 끈을 유지하기

이번에는 오감에 대한 의식을 놓치지 않고 계속 바라보는 연습을 합니다. 여기에서 의식이라 함은 제6식이 아니라 일반적인 식識 -consciousness을 의미합니다. 오감(눈, 귀, 코, 혀, 몸으로부터의 입력)에 대한 의식, 즉 안식眼識, 이식耳識, 비식鼻識, 설식舌識, 신식身識 전오식前 五識을 말합니다. 즉, 생각을 떠나서 우리가 느끼는 감각에만 집중해 보는 것입니다. 물론, 오감이나 감각 그 자체는 알 수 없고 느껴야만 알 수 있으며, 여기에서 느낀다는 것은 의식하는 것을 가리킵니다. 따라서 감각에 집중한다는 것은 전오식에 대해 집중한다는 것입니다. 다른 '생각'은 접어두는 것입니다.

우리는 외부로부터의 자극에 대하여 끊임없이 반응합니다. 그냥 반응하는 게 아니라, 생각이라는 필터를 거쳐서 반응합니다. 이 필터를 통과해서 만들어지는 작용은 이미 원래의 자극과는 거의 관계없는 형태를 띠게 됩니다. 예를 들면, 뱃속에서 꼬르륵 소리가 났다고 합시다. 몸으로 느낀 바[신식, 身識]는 아무런 느낌도 없는, 뱃속에서 단순한 공기 이동으로 생긴 소리라고 합시다. 그렇지만, 이 소리를 듣는 순간[이식, 耳識], 단순히 소리로 듣지 않고 생각[의식, 意識]이 개입할 수 있습니다. "아, 뱃속에서 꼬르륵 하는 걸 보니 배가 고픈 모양이다. 그러고 보니, 아까 점심을 부실하게 먹었지. 그 식당은 음식이 맛이 없었어. 다시는 가지 말아야지. 그럼 다음엔 어딜 가서 먹지. 그건 그렇고 배가 고프니 지금 하는 일은 대충 접고 빨리 저녁 먹으러 가야지…" 이렇게 끝없이 생각이 꼬리를 물고 일어납니다. 원래 감각기관을 통해서 받아들였던 그 감각은 온데간데없고, 생각에 사로잡힙니다. 그래서 생각의 개입 없이, 감각기관으로부터의 입력만을 받아들이는 연습을 해 봅니다.

이렇게 전오식에 집중하고, 그 식識의 끈을 놓지 않으려면 바짝 깨어있지 않고는 안 됩니다. 생각에 마음을 빼앗기지 않으려면, 생각에 마음이 가는 즉시 되돌려 세워야 합니다. 그리고 보이는 것에 집중하고, 들리는 것에 집중하고, 냄새에 집중하고, 맛에 집중하고, 닿는 것에 집중합니다. 집중하는 가운데, 그 식識과 내가 하나의 끈으로 이어져 있다고 느낍니다. 물론 활짝 깨어있으면서 이어져 있는 느낌을 가집니다.

여기에서 "오감을 의식한다"는 것은 이렇게 생각, 즉 제6식의 의식意識인 마음을 개입시키지 않고, 있는 그대로의 전5식前五識을 받아들이라는 것입니다. 생각이나 마음이 없이 오감에 대하여 반응하면 어떻게 될까요? 한번 시험해보시기 바랍니다. 이렇게 해서, 깨어있으면서 다섯 가지의 알음알이 즉 식識에 대하여 마주할 수 있는 기회를 가집니다. 이것은 중요한 경험입니다. 깨어있음에 힘을 얻을 수 있습니다.

알아차림(1)
– 생각의 움직임을 의식하기

이번에 연습할 마음의 상태는 생각의 움직임을 알아차려 보는 것입니다. 생각은 일종의 메커니즘입니다. 즉, 생각이란 우리의 두뇌와 의식계意識界가 동작하는 방식이나 과정입니다. 이때 의식이란 제6식의 의식으로서 마음의 움직임을 뜻합니다. 다시 말하면 생각이란 어떤 실체를 가리키기보다는 하나의 도구나 방법, 혹은 일시적인 현상을 가리킵니다. 비유하여 말하자면, 물은 실체로서 존재하지만 흘러가는 물은 고정된 실체가 없습니다. 물의 움직임을 포착한 것에 지나지 않습니다.

생각도 마찬가지로 항상 움직이고 있습니다. 그래서 "역전驛前앞"이라는 표현에서 '전前'과 '앞'이 중복되어 있듯이, "생각의 움직임"이라고 하는 것은 "움직임"을 중복 표현한다고 볼 수 있습니다. 우리가 생각을 할 때, 생각의 움직임 혹은 생각의 흐름을 의식하지 않고, 생각이 정지해 있다고 느낍니다. 마치 기차 여행을 할 때, 객차 안에 있는 승객은 기차의 움직임을 감지하지 못하는 것과 같습니다. 그러나 생각은 쉴새없이 움직이며, 누가 강제로 세울 수 없습니다. 왜냐하면 움직임이란 생각의 고유한 속성이기 때문입니다.

그렇지만, 오늘은 생각의 움직임을 감지하며 따라가 보도록 하겠습니다. 생각이 일어나면 그 생각을 알아차리고, 그 생각의 뒤꽁무

니를 줄줄 따라다니는 것입니다. 어찌 보면 생각·생각을 짊어나간다고 볼 수도 있습니다. 생각을 혼자 내버려두는 것이 아니라, "네가 어디 가는지 한번 보자! 내가 끝까지 따라갈 테니까" 하는 마음가짐으로 함께 하는 것입니다.

생각을 따라가다 보면, 생각을 놓치게 됩니다. 그러나 잠시 후에 다시 따라잡을 수 있을 겁니다. 놓치면 잡고, 또 놓치면 또 다시 잡고 하면서, 숨바꼭질 하듯이, 쉬지 않고 쫓아가십시오.

이렇게 따라다니다 보면 친해져서 생각과 따라가는 자가 한몸이 될지 누가 압니까? 여러분의 존재는 절대 멀리 있지 않습니다. 항상 그 자리입니다. 그 자리란 바로 여러분 자신입니다. 단지, 심술쟁이들에 의해 가려져 있을 뿐입니다.

알아차림(2)
- 돌이키기

생각의 움직임을 알아차린다는 것은 의식하는 '상태'를 알아차린다는 의미입니다. 이렇게 알아차릴 때, 한 걸음 더 나아가 알아차리는 '자리'를 느껴봅니다. 즉 알아차리는 자리로 돌이켜 보는 것입니다. 사실 이 과정은 생각을 수반하게 됩니다. 즉 돌이킨다는 생각입니다. 그러나 이러한 생각을 이용하여 돌이키는 과정을 반복하게 되면 언젠가는 생각의 개입 없이 돌이킴을 실감할 수 있게 됩니다.

돌이킨다면 돌이키는 곳이 있어야 한다고 생각되는 것이 당연합니다. 그러나 여기에서는 돌이켜 가는 곳을 알 수 없습니다. 그러므로 돌이켜 가는 목적지에 대해 연연할 필요가 없습니다. 그냥 경계(이 경우에는 생각)를 만날 때마다 돌이킨다는 느낌을 갖습니다. 이때 어렴풋이나마 생각이 개입하고 있다는 느낌을 받을 수 있습니다. 그럴 때는 돌이킴을 다시 돌이킵니다. 이 돌이킴 과정을 계속 반복할 수 있습니다. 반복하다 보면 돌이킴 그 자체에 집중할 수 있게 됩니다.

예를 들면, 삼복더위에 덥다는 느낌이나 생각을 하게 마련입니다. 그렇다면 이 생각을 마주치자마자 (모르지만) 어떤 자리로 돌이켜 갑니다. 가능하다면 돌이킨 자리에서 깨어있도록 노력하십시오. 사실 이해가 안 되는 부분이겠지만, 그런 생각은 하지 마시고, 모르는 그 자리에서 깨어있든가 혹은 그 자리를 알아차리도록 하십시오.(사실 깨어있음이나 알아차림이나 같은 경우에 대한 서로 다른 표현일 뿐입니다.)

이렇게 돌이킴을 일념으로 실천하십시오. 끊임없는 정진만이 다른 차원의 세계를 맛볼 수 있게 합니다.

돌이킴에 머물기

이번에는 경계를 만나 돌이키는 과정을 매듭짓기로 하겠습니다. 이미 말씀드렸다시피 돌이켜 가는 '곳'은 모릅니다. 그러니까 있기도 하고 없기도 합니다. 그저 마음으로 '느낄' 뿐입니다. 그래서 그 자리를 돌이킴이라고 부르기로 합니다.

돌이킴에 머문다는 것은 돌이킨 상태를 그대로 유지하여 일정 시간 생각이나 다른 경계로부터 격리된 상태를 말합니다. 이 상태가 바로 삼매三昧입니다. 바로 팔정도의 여덟 번째인 정정正定(바른 집중)에서 제시하는 삼매입니다. 백봉거사의 말씀에 의하면 "일체 경계와 타협하지 않는 상태가 삼매"입니다.

돌이킴에 머물기 위해서는 조용히 편한 자세로 앉아서 수행하는 것이 효과적입니다. 이런 상태에서는 마음을 가라앉히기 쉽고, 또 가라앉힌 상태가 오래 지속될 수 있기 때문입니다. 특히 처음에는 주위가 시끄럽지 않고 조용한 곳이 좋습니다. 산사山寺나 수행도량이면 더욱 좋겠지요.

조용히 마음을 가라앉히고 앉아있다 보면 여기에서도 경계가 나타나게 됩니다. 좋은 경계 나쁜 경계, 광명, 아는 사람 모르는 사람, 이런 일 저런 일, 원하는 일 원하지 않는 일, 등등의 상황이 벌어지게 됩니다. 제 생각에는 저 아래에 있는 의식세계의 단편들이 떠오르는 것 같습니다. 이때 이런 경계에 걸려들면 안 됩니다. 평소와 마찬가지로 알아차림과 깨어있음으로 일관되게 대처하여야 합니다. 그래서 경계에 걸려들지 말고, 여여如如함의 상태를 유지하여야 합니다.

고품의 세계를 벗어나는 길은 수도 없이 많을 것입니다. 다시 말하면 참선의 방법은 한 없이 많을 것입니다. 그러나 자기 자신의 본마음에 직접 다가가는 방법은 어렵기는 하더라도 인간으로 태어나서 한번만이라도 시도는 해 보아야 됩니다. 이러한 지름길 수행방법이 많이 있겠지만, 여기에서 말씀드린 돌이킴과 돌이킴에 머묾도 직접 우리 자신의 진면목을 드러내는 방법이라고 감히 말씀드립니다.

어디에도 들어앉지 않고, 어디에도 물들지 않고, 나는 나대로 자유의 몸이 되는 그 날까지 우리는 쉬지 않고 정진에 정진을 거듭합시다.

세월이 무심하지 않은 덕분에 미지의 세계에 몸을 던지고 좌충우돌하면서도 안도의 한숨을 내쉬며 오늘을 맞이할 수 있게 되었습니다. 이제 대학에서의 정년을 맞이하여 지금까지 시간이 실어다 준 쓰레기 더미를 정리하고 새로운 쓰레기를 만들어 낼 기회를 얻었습니다. 어차피 쓰레기지만 그래도 재활용 가능한 것은 모아서 유익하게 이용해야만 남는 장사가 되겠지요. 재활용 가능한 것 중에서 가장 먼저 눈에 띈 대상이 바로 이 책에 실린 글 모음입니다.

여기에 실린 글들은 모두 65법우회 모임에서 사용된 자료의 일부입니다. 65법우회란 1969년에 65회로 고등학교를 함께 졸업하고 또 불교에 관심이 있는 동기생들의 모임입니다. 2006년 11월 22일 첫 모임을 가졌으며 매달 한 번씩 모여 선업善業을 쌓고 있습니다.

이 땅에서 불교는 매우 오래된 가르침입니다. 그래서 그런지 불교에 대한 소견이나 태도는 사람마다 아주 큰 차이를 보이고 있습니다. 특히 불교에 대한 약간의 공부나 성찰도 없이 피상적으로 보고 듣고 하여 알고 있는 경우가 대부분입니다. 따라서 우리나라에서 불교에 대한 편견은, 좋거나 나쁘거나 간에, 큰 문제가 아닐 수 없습니다. 불교는 한마디로 "살아있는 모든 것은 부처"라는 사실에 입각하여 자기 안의 부처를 살려내도록 이끌어주는 가르침입니다. 그 이상, 그 이하도 아닙니다. 그럼 부처란 무엇인가? 부처란 궁극적인 존재로서 바로 진짜 '나'입니다. 그러므로 진짜 '나'로 돌아가도록 돕는 가르침입니다. 마치 우리가 힘들고 아프고 나이 들면 고향의 품에 안기고 싶어하듯 말입니다.

그래서 불교는 사람이 사람으로 태어나서 사람답게 살다가 돌아갈 자리를 알기 위해서는 반드시 필요한 안내자입니다. 이 책에서는 많이 미흡하지만 자기 자신으로 돌아가는 길을 보이려고 애썼습니다. 돌아가는 길은 수없이 많겠지만 제가 경험한 만큼은 몽땅 보여드리려고 노력하였습니다. "제1부 작은 큰 깨침"에서는 참마음과 깨침에 대한 이런저런 단상斷想들을 모아 놓았고, "제2부 참선공부"에서는 참선공부를 하기 위해 필요한 지식이나 자세에 대해 구체적으로 안내하려고 노력하였습니다. 제 자신이나 제 글이나 모두 부족한 점이 많습니다. 그러나 같은 시대 같은 장소에서 공통의 언어와 문화를 향유하는 사람들끼리는 좀 더 확실히 이해가능한 경험을 공유할 수 있지 않을까 위로해봅니다.

비록 모자라지만, 앞에 말씀드린 바와 같이, 이 책의 글들은 65법우회 회원들의 공덕으로 태어났습니다. 회원 한 분 한 분의 관심과 후원이 없었다면 이 글들은 세상에 나올 수 없었을 것입니다. 한없는 감사의 마음을 바칩니다. 특히 흔들림 없이 법우회를 이끌어오신 동명 김명진 회장과 온갖 힘든 뒷바라지를 마다하지 않고 해오신 도종 임기엽 총무에게 큰 감사의 말씀을 드립니다. 한편, 이 책이 빛을 볼 수 있기까지 물심양면으로 노력과 희생을 마다하지 않은 서울대학교 컴퓨터시스템 연구실 졸업생 여러분들에게 감사의 뜻을 전합니다. 제가 정년을 맞이하면서 가장 큰 자랑거리가 바로 졸업생 여러분들이고, 또한 이 책에 의한 혜택의 가장 큰 수혜자가 바로 여러분들이 되기를 바라는 마음 간절합니다.

마지막으로 부디 모든 분들께서 자기 부처와 더불어 자신의 삶을 더욱 살찌우시고, 하루 빨리 깨달음의 언덕으로 향하기를 두 손 모아 기원합니다.

신현식 드림
2016년 여름